AF150745

Adolf von Harnack, Wilhelm Herrmann

Über das Verhältniss des Prologs des vierten Evangeliums zum ganzen Werk

zum ganzen Werk

Adolf von Harnack, Wilhelm Herrmann

Über das Verhältniss des Prologs des vierten Evangeliums zum ganzen Werk

ISBN/EAN: 9783743497061

Hergestellt in Europa, USA, Kanada, Australien, Japan

Cover: Foto ©Lupo / pixelio.de

Weitere Bücher finden Sie auf **www.hansebooks.com**

Zeitſchrift

für

Theologie und Kirche.

In Verbindung mit

D. A. Harnack, Profeſſor der Theologie in Berlin, D. W. Herrmann, Profeſſor
der Theologie in Marburg, D. J. Kaftan, Profeſſor der Theologie in Berlin,
Lic. M. Reiſchle, Profeſſor in Gießen, D. K. Sell, Profeſſor der
Theologie in Bonn

herausgegeben

von

D. J. Gottſchick,

Profeſſor der Theologie in Tübingen.

———

Zweiter Jahrgang.

Drittes Heft.

Freiburg i. B. 1892.
Akademiſche Verlagsbuchhandlung von J. C. B. Mohr
(Paul Siebeck).

Mit Beilagen von O. R. Reisland in Leipzig und J. C. B. Mohr (Paul Siebeck) in Freiburg i. B.

Inhalt.

Die „Zeitschrift für Theologie und Kirche"
erscheint jährlich in 6 Heften, deren jedes einen Umfang von 5—6 Druckbogen
haben wird. Alle 2 Monate wird ein Heft ausgegeben. Der Abonnements=
preis eines Jahrgangs von 6 Heften beträgt M. 6.—, einzelne Hefte werden
nur zu erhöhtem Preis abgegeben.

Briefe und Einsendungen sind an den Mitherausgeber D. **Gottschick**
in Tübingen, Wilhelmstraße 2, zu richten. Die Manuscripte müssen in voll=
ständig druckfertigem Zustand eingeliefert werden. Die Beiträge der Herren
Mitarbeiter werden honorirt. Dieselben erhalten 12 Separatabzüge ihrer
Beiträge gratis geliefert und nach Erscheinen des betreffenden Heftes von
der Verlagshandlung franko zugesandt. Eine größere Anzahl von Separat=
abzügen kann nur nach Verständigung mit der Verlagshandlung angefertigt
werden. Das Verlagsrecht auf die in der Zeitschrift veröffentlichten Beiträge
bleibt der Verlagshandlung auf 4 Jahre vom Erscheinen des betreffenden Heftes
an gewahrt.

Zusendung von Recensionsexemplaren an die Redaktion oder die
Verlagshandlung bittet man zu unterlassen, da die Zeitschrift Besprechungen
einzelner Werke nicht veröffentlicht.

Die Herausgeber.   **Die Verlagshandlung.**

Ueber das Verhältniß des Prologs des vierten Evangeliums zum ganzen Werk.

Von

Adolf Harnack.

Das Verständniß des vierten Evangeliums hat durch die Untersuchungen von Weizsäcker (Apost. Zeitalter. 2. Aufl. S. 513 ff. 530 ff.) dankenswerthe Förderung erfahren. Daß sich in dem Verf. des Evangeliums, unter der mächtigen Einwirkung des Zeugnisses eines Urapostels, die Combination des persönlichen Christusglaubens mit einer universalen Weltanschauung vollzogen hat — diese Erkenntniß hat er so eindrucksvoll vorgetragen, daß sie schwerlich mehr verloren gehen kann. „Der Schülerkreis, welcher sich dieses Charakterbild Jesu aneignete, ist eine erneuerte Christuspartei im höheren Sinne." Mit diesem Worte, mag es mit der alten Christuspartei wie immer sich verhalten, ist sehr viel gesagt. Wie es in der Weizsäcker'schen Darstellung die Untersuchung des Ver=hältnisses des johanneischen Christusbildes zum paulinischen einer=seits, zum synoptischen andererseits abschließt, ist es der kürzeste Ausdruck für die Eigenart und Wirkung des „pneumatischen" Evangeliums. Dieses pneumatische Evangelium hat den „geschicht=lichen Christus des Glaubens" vor die Augen gestellt. Es hat „die ideale Größe des Glaubens wieder in das Leben Jesu selbst zurückverlegt." „Es hat der Person zu ihrem ganzen Rechte im Glauben verholfen." Es hat den entscheidenden Eindruck von dieser Person so in die Geschichte projicirt, als wäre das Empfundene und Verstandene in Raum und Zeit sichtbar, hörbar und faßbar gewesen, ja noch eben sichtbar. Das vierte Evangelium läßt die paulinische „Lehre" von der Heilsbedeutung Christi ebenso hinter sich wie die synoptischen Sprüche und das synoptische Christusbild.

Aber in gewissem Sinn combinirt es beide — nicht mit den
Formeln irgend welcher Kunst oder Schule, sondern in einer
ursprünglichen Intuition oder vielmehr als Ausdruck eines Erlebten
und eines Besitzes. Das Erlebte aber und der Besitz ist der er=
schienene Jesus Christus, der Sohn Gottes.

Nicht mit den Formeln irgend welcher Kunst oder
Schule: ist damit nicht zuviel gesagt? Im Sinne der Kritik,
der wir große Fortschritte in der Erkenntniß des Evangeliums
verdanken, unzweifelhaft. Sie hat erkannt, daß der Prolog des
Evangeliums nicht ohne Recurs auf die Logoslehre des alexan=
drinischen Judenthums (Philo's) geschichtlich verstanden werden kann.
Sie hat diese Einsicht so überzeugend erhärtet — s. vor allem
O. Holtzmann (Das Joh. ev. 1887) u. H. Holtzmann (Hand=
commentar IV,1 S. 21—36) —, daß alle Versuche, die in einer
anderen Richtung gehen, dagegen nicht aufkommen. Sie ist dabei
in ihren neuesten Untersuchungen in Bezug auf die Bestimmung
des Maßes von Bedeutung, welches der alexandrinischen Logos=
lehre für das vierte Evangelium zukommt, vorsichtiger geworden [1].
Aber sie behandelt sie doch als einen Schlüssel für das Ver=
ständniß des Evangeliums und hält es für geboten, die Reden
des johanneischen Christus und das ganze Christusbild auch von
hier aus zu verstehen, resp. nach der Logoslehre zu erklären. Sie
spricht vom „Logoschristus" und vom „Logosevangelium".

Nach einer Wendung, die Weizsäcker im Eingang seiner
Darstellung der johanneischen Logoslehre braucht, könnte man fast
erwarten, daß er ihr eine wesentlich andere Bedeutung für das
Ganze der johanneischen Anschauung beilegen wolle. Er schreibt
(S. 530): „Wie der paulinische Begriff (des Sohnes Gottes als
himmlischen Geistwesens) sich anlehnte an die weitverbreitete jüdische
Vorstellung von der himmlischen Welt, in welcher der Messias
und die Güter des messianischen Reichs vorausgeschaffen sind und
nur der Enthüllung harren, so dient der johanneischen Lehre der
Logosbegriff des alexandrinischen Judenthums, durch welchen dieses
den alten Gottesglauben zu einer Philosophie umgestaltet, die alle

---

[1] S. Holtzmann, a. a. O. S. 36. Pfleiderer, Urchristenthum
S. 743. 754 f.; dagegen Thoma, die Genesis des Joh. Ev. S. 194.

Welträthsel lösen und diesen Glauben auch dem heidnischen Denken genehm machen sollte."[1] Man könnte voraussetzen, daß Weizsäcker dem letzten Satze eine Anwendung auf die Absichten auch des vierten Evangelisten geben wolle. Allein, soviel ich sehe, geschieht dies nicht. Vielmehr bestimmt er die Bedeutung der Logoslehre für den Verfasser wesentlich ebenso wie Holtzmann und Pfleiderer. „Die Erzählung selbst, ebenso wie die Worte Jesu (im 4. Ev.), können den Ursprung aus der Logoslehre nicht verleugnen" (S. 536). „Diese Philosophie ist nicht nur wie ein Mantel, der über die Geschichte und den Glauben gehängt ist, sondern sie bestimmt die Begriffe durchgängig. Licht und Leben im Bewußtsein des Glaubenden als Mittheilung Jesu sind nichts anderes als das, was der Logos überhaupt der Welt giebt" (S. 533). Hiernach ist die Logoslehre sowohl als ein Ursprung des eigenthümlichen Inhalts des Evangeliums wie als ein ihn durchgängig bestimmender Factor anzusehen, wenn auch sofort hinzugefügt wird: „Die Annahme der Logoslehre ist nicht eine einfache Uebertragung, sondern eine Verarbeitung und Umgestaltung derselben. Aus der jüdischen Philosophie geschöpft, ist sie doch eine wesentlich neue Lehre auf christlichem Boden geworden. Im Grunde ist dies schon darin gegeben, daß der Logos damit in einem ganz anderen Sinn Person geworden ist, als er es dort war."

Es scheint mir, daß auch nach diesen sehr wesentlichen Einschränkungen die Bedeutung der alexandrinischen Logoslehre im 4. Evangelium noch immer überschätzt ist, so gewiß daran nicht gedacht werden darf, daß sie als ein bloßer Mantel über der Geschichte und dem Glauben dienen sollte. Wenn ich nicht irre, kommt hier Alles darauf an, das Verhältniß des Prologs zu dem ganzen Werk sicher zu bestimmen. Es handelt sich dabei nicht nur um das formelle, sondern vor Allem um das materielle Verhältniß. Welchen Zweck hat das Evangelium, welchen der Prolog? Fallen diese Zwecke einfach zusammen oder ist der Prolog wirklich Einleitung, Einleitung in das Evangelium? Setzt das Evangelium dort ein, wo der Prolog aufhört, oder ist der Prolog gleichsam die vorausgeschickte Quintessenz des Evangeliums? Ist er der

---

[1] Von mir gesperrt.

Schlüssel zum Verständniß oder der Schlüssel zum Eintritt in das Heiligthum des Evangeliums? Diese Fragen werde ich im Folgenden zu beantworten versuchen. Alles das, worüber kein Streit ist, soll dabei auf's kürzeste behandelt werden. Zunächst sei das Evangelium ins Auge gefaßt ohne den Prolog.

1.

Der Zweck des Evangeliums ist vom Verfasser im Schlußverse (20,31) unmißverständlich deutlich angegeben. Nicht doppelt ist in diesen Worten der Zweck bestimmt; denn, wie das ganze Evangelium lehrt, folgt das „Leben" als Besitz mit Nothwendigkeit dem Glauben. Den das „Leben" einschließenden Glauben zu erwecken und zu begründen, Jesus sei der Messias, welcher der Sohn Gottes ist: das war die Absicht des Verfassers.

Die Ausführung entspricht in jedem Capitel dieser Absicht. Sie ist auf den weitesten Plan gestellt. Sie gilt dem Kreise der schon gewonnenen Jünger, den Halbgläubigen, den Juden in ihren verschiedenen Schattirungen — selbst die Samaritaner sind nicht vergessen —, den Griechen, der ganzen Menschheit. Auch zeitlich vollzieht sie sich in universalen Verhältnissen. Sie blickt zurück bis auf Abraham, Moses und das Gesetz und vorwärts auf alle zukünftigen Gläubigen. Doch auch diese Grenzen sind noch überschritten. Am Anfang und am Ende liegt die Ewigkeit; der, von dem geredet wird, schließt sie zusammen. Dabei ist nichts lehrhaft ausgeführt, und alles historische Detail verschwindet in der Einheit des Ganzen. Es hat niemals, weder früher noch später, einen Schriftsteller gegeben, der in dieser Weise sub specie aeternitatis Geschichte zu schreiben vermocht hat. Der Verfasser hebt die Zeit nicht nur in die Ewigkeit auf, sondern er vermag durch seine Darstellung auch die entsprechende Stimmung hervorzurufen. Er selbst schwebt und athmet in einem überirdischen Elemente und führt die, die ihm lauschen, mit starkem aber sanftem Flügel zu jener Höhe empor.

Doch nur dem flüchtigsten Eindruck kann es so erscheinen, als handle es sich um eine allgemeine Erhebung ins Ueberirdische. Das, wozu er erheben will, ist nicht eine unbestimmte neue Sphäre des Daseins, sei sie auch noch so licht und rein, sondern er führt zu einer Person. Sie ist ihm das Licht, die Wahrheit, das Leben. Dieser höchste Besitz ist ihm als Inhalt eines geschichtlichen Lebens eine Wirklichkeit auf Erden geworden. Ist das Vermögen des Verfassers erstaunlich, die Geschichte in die Ewigkeit aufzuheben, so ist sein Vermögen noch viel erstaunlicher, dieses Verfahren mit der Hervorhebung einer geschichtlichen Person zu verknüpfen, welche die Fülle aller überweltlichen Güter umfaßt und mittheilt.

Indem er den Glauben an diese Person erwecken und begründen will, führt er vor Allem ihr Selbstzeugniß vor. Das Selbstzeugniß Jesu hat in dem Evangelium seinen kürzesten Ausdruck in den drei Sätzen, daß er der von Gott „Gesendete", daß er der „Menschensohn" d. h. der Verheißene, und daß er „der Sohn" d. h. der Sohn Gottes ist. Aber jeder dieser Sätze genügt dem Verfasser für sich schon als Träger des entscheidenden Gedankens, um den es ihm zu thun ist. Er vermag aus jedem das Ganze der Bedeutung dieser Person zur Empfindung zu bringen. Doch ist es offenbar, daß nur der Ausdruck „der Sohn", d. h. der Sohn Gottes, dem Wesen dieser Persönlichkeit an sich im Sinne des Verfassers entspricht. Dies ist um so bemerkenswerther, als in dem Evangelium überall von dem geschichtlichen Jesus ausgegangen wird. Er ist das Subject aller Aussagen, nicht ein Unbekannter, dessen Träger oder dessen Verkleidung er ist. In keinem Sinne ist von einer Doppelpersönlichkeit oder von einer Scheidung eines Himmlischen und eines Irdischen, eines Göttlichen und eines Menschlichen, in ihm die Rede. Man verkennt daher die Absichten des Evangelisten, wenn man eine solche einträgt. Vielmehr was da gesagt wird, alles Große und Erhabene, gilt von der ganzen Person, so wie sie den Jüngern und den Feinden entgegentritt. Eben darin zeigt sich der durch keine Speculation aufgelöste geschichtliche Zug des Evangeliums. Die Erinnerung an die wirkliche Geschichte ist noch zu stark, um an diesem Punkte irgend welche gnostische Spaltungen zuzulassen. Diese werden vielmehr, wie es scheint, bekämpft [1]).

---

[1]) Die Bekämpfung ist in dem ganzen Evangelium eine indirecte, in den Briefen, die von demselben Verfasser herrühren, eine directe. Gegen die Spaltung des Jesus und Christus ist in dem Evangelium z. B. der 13. Vers des 3. Cap. gerichtet.

Der Name „Sohn Gottes" für Jesus wird in dem Selbst=
zeugnisse Jesu in einer doppelten Richtung bewiesen. Er ergibt
sich einerseits aus der vollkommensten Einheit des Sohnes mit
dem Vater, andererseits aus der vollkommensten Abhängigkeit.
Jene Einheit braucht hier nicht weiter ausgeführt zu werden. Sie
erschöpft sich in den Sätzen, daß der Sohn in dem Vater und
der Vater in dem Sohn ist, daß Vater und Sohn Eins sind,
und daß wer den Sohn siehet, den Vater siehet. Aus dieser Ein=
heit folgt aber auch, daß der Sohn alles das besitzt und ist, was
der Vater besitzt und ist. Der Sohn ist das Leben, das Licht,
die Wahrheit. Weil er sich als Leben u. s. w. durch sein Selbst=
zeugniß und durch seine Thaten erweist, ist er der Sohn; daß
Leben, Licht und Wahrheit der Gottheit, d. h. dem Vater, an=
gehören, brauchte nicht ausdrücklich gesagt zu werden. Ueberall
geht hier der Nachweis nicht aus der Spitze in die Breite, sondern
den umgekehrten Weg. Nicht soll aus dem zugestandenem Sohnes=
prädikat nachgewiesen werden, daß dieser Sohn Leben, Licht und
Wahrheit ist, sondern aus diesen offenbaren Eigenschaften soll ge=
zeigt werden, daß er „der Sohn" ist.

Andererseits beweist die vollkommene Abhängigkeit, daß er
der Sohn ist. Die Sprüche, in denen in immer neuen Wendungen
gesagt wird, daß Jesus nichts von sich selber thut, sondern das
Werk ausführt, das ihm der Vater übertragen, mittheilt, was er
vom Vater gehört, das Gebot erfüllt, welches ihm der Vater
gegeben hat [1]), sind vielleicht die zahlreichsten im Evangelium. Der
stärkste Ausdruck in dieser Richtung ist der Satz, daß die Voll=
ziehung des väterlichen Willens die Speise des Sohnes ist; er
lebt also von diesem Wollen; vgl. 3,34 u. außerdem 6,38 (ich

---

[1]) Diese Stellen sind in diesem Zusammenhang die wichtigsten Der
Sohn thut nicht nur den Willen des Vaters, sondern dieser Wille tritt ihm
als Gebot gegenüber, freilich als ein solches, welches zu erfüllen der selbst=
gewollte Inhalt seines Lebens ist; vgl. 10,18; 12,49 (der Vater selbst hat
mir ein Gebot gegeben, was ich reden und sagen soll und ich weiß, daß sein
Gebot ewiges Leben ist); 14,31 (wie mir der Vater ein Gebot gegeben hat,
so thue ich); 15,10 (wie ich die Gebote des Vaters bewahrt habe und bleibe
in seiner Liebe).

bin vom Himmel herabgestiegen, nicht daß ich meinen Willen thue,
sondern den Willen dessen, der mich gesandt hat); 6,57 (ich lebe
durch den Vater); 5,19 (der Sohn kann nichts von sich. selber
thun, er sähe denn den Vater etwas thun; denn was Jener thut,
das thut auch der Sohn in gleicher Weise); 5,20 (der Vater liebt
den Sohn und zeigt ihm Alles was er thut). Die Fortsetzung
des letzten Spruchs: καὶ μείζονα τούτων δείξει αὐτῷ ἔργα, beweist
deutlich, daß der Sohn nicht ein vom Anfang an fertiges, selb=
ständiges Wissen und Schauen des Göttlichen hat, sondern daß
er vom Vater Wissen und Schauen, Werke und Gebot zugetheilt
erhalten hat und noch erhält. „Ich kann nichts von mir selber
thun; wie ich höre, so richte ich" (5,30). „Was ich von dem,
der mich gesandt hat, gehört habe, das spreche ich zu der Welt"
(8,26).

Es wäre überflüssig, die Anführungen ähnlicher Sprüche zu
vermehren. Sie werden nicht aufgehoben durch einen Satz wie
den 5,26: „Wie der Vater hat das Leben in ihm selber, so hat
er auch dem Sohne gegeben, zu haben das Leben in ihm selber,
und hat ihm Macht gegeben, Gericht zu halten, weil er des Menschen
Sohn ist." Man hat hier erstlich das „ἔδωκεν" und zweitens
den Ausdruck 6,53 zu vergleichen: „Wenn ihr nicht esset das Fleisch
des Menschensohns und trinket sein Blut, so habt ihr nicht das
Leben in euch selber." Diese Stelle lehrt, daß das ἐν ἑαυτῷ
nicht zu pressen ist[1]). Auch aus 10,17 f. darf nicht gefolgert
werden, daß ihm die absolute Selbstbestimmung ebenso zusteht wie
dem Vater; denn den Worten: „ἐξουσίαν ἔχω θεῖναι τὴν ψυχήν
μου. καὶ ἐξουσίαν ἔχω πάλιν λαβεῖν αὐτήν, wird sofort die nähere
Bestimmung hinzugefügt: ταύτην τὴν ἐντολὴν ἔλαβον παρὰ τοῦ
πατρός μου. Damit ist ausgesagt, daß eben aus der Anordnung
des Vaters die volle Freiheit des Sohnes entspringt. Der Schlüssel

---

[1]) Dunkel, aber auch nicht aus der Logoslehre zu erklären, bleibt aller=
dings das betonte „οὓς θέλει" in dem Satze 5,21: ὥσπερ ὁ πατὴρ ἐγείρει τοὺς
νεκροὺς καὶ ζωοποιεῖ. οὕτως καὶ ὁ υἱὸς οὓς θέλει ζωοποιεῖ. Es giebt hier in
dem Evangelium keine deutliche Parallele; jedenfalls darf der Ausdruck aber nicht
so gedeutet werden, daß der absolut ausgesprochene Gedanke: „Ich kann nichts
von mir selber thun", beeinträchtigt wird.

zum Verständniß aller der Aussagen, in denen Jesus sich als Ge=
sandter und Sohn bezeichnet, liegt in dem Verse 14,28: „Der
Vater ist größer als ich." Kein Satz findet sich in dem Evan=
gelium, der diesem Satze widerspricht, vielmehr setzt jede Selbst=
aussage Jesu die Geltung desselben voraus [1]). Der Evangelist
läßt eben deßhalb die Juden dem Herrn zunächst nicht vorwerfen,
er mache sich zum Gott, sondern der Vorwurf lautet, er nenne
Gott seinen eigenen Vater und mache sich dadurch zum
Gott (5,18). Wo der Vorwurf zum zweiten Mal wiederkehrt
(10,33 f.) lautet er freilich absolut: „Du machst dich, während
du ein Mensch bist, selbst zum Gott." Aber der Evangelist hat
ihn hier in schärferer Fassung eingeführt, um Gelegenheit zu nehmen,
die in seiner Zeit unzweifelhaft brennende Frage zu einer — die,
welche sie aufgeworfen haben, vielleicht nicht befriedigenden —
Antwort zu bringen. Diese Antwort legt sich in drei Sätzen aus=
einander: 1) nach der heiligen Schrift dürfen im weiteren Sinn
alle „Götter" genannt werden, πρὸς οὓς ὁ λόγος τοῦ θεοῦ ἐγένετο.
2) gebührt in diesem Sinn auch Jesu die Bezeichnung „Gott",
so hat er doch selbst die Bezeichnung „υἱὸς τοῦ θεοῦ", nicht „θεός"
für sich in Anspruch genommen; diese drückt im Sinne des Evan=
gelisten mehr aus als die jenen anderen zukommende allgemeine
Bezeichnung „Gott", aber sie hebt andererseits die Blasphemie,
die in der vollkommenen Identificirung der Sohnes= und der Vater=
persönlichkeit liegen würde, auf, 3) der Erkenntnißgrund für das
Recht der Bezeichnung „der Gottessohn" liegt darin, daß Jesus
„die Werke seines Vaters thut", und der Sinn und Realgrund
der Bezeichnung faßt sich in dem Gedanken zusammen: „in mir
ist der Vater und ich bin in dem Vater" [2]). Man darf nach
dieser entscheidenden Stelle mithin sagen, daß eine „metaphysische
Gottessohnschaft" in keinem Sinne im Gesichtskreis des Evangelisten
liegt, daß er weit davon entfernt ist, die Unterordnung des Sohnes

---

[1]) Es ist lehrreich, daß auch unmittelbar vor der höchsten Selbstaussage:
„Ich und der Vater sind eins" (10,30), die Worte stehen, daß der Vater größer
ist als Alle (so nach der wahrscheinlicheren, wenn auch minder gut bezeugten
LA.). C. 4,22 schließt sich Jesus in die Zahl der Anbeter Gottes mit ein.
[2]) C. 10,34—38.

unter den Vater aufzuheben, und daß er doch dem Sohne das
Prädicat „Gott" in einem viel höheren Sinne zu geben vermag
als allen denen, πρὸς οὓς ὁ λόγος τοῦ θεοῦ ἐγένετο (20,29: ὁ
κύριός μου καὶ ὁ θεός μου) [1]. Wie die vollkommene Unterordnung
bei jener Immanenz des Vaters in dem Sohne noch bestehen
kann, mag räthselhaft erscheinen und ist bekanntlich der Folgezeit
ein Anstoß geworden, den sie in kühner Entschließung einfach auf=
gehoben hat. Aber für den Evangelisten war sie weder ein An=
stoß noch ein quälendes Räthsel. Aus seinem Briefe erkennt man,
warum er hier kein Problem gefunden hat: er selbst lebte — durch
den Sohn in einer Gemeinschaft mit Gott, in der er sich als
aus Gott geboren und in ihm bleibend wußte, ohne das Gefühl
der Majestät Gottes zu verlieren. Der Wille des Vaters, der
Licht und Leben ist, ist die Mittheilung des Lichts und des Lebens
erst an den Sohn, dann durch den Sohn an die anderen alle.
Dieser Wille bestimmt und beherrscht den Sohn, giebt ihm den
Inhalt seines Lebens und bezeichnet ihm den Umfang seines Wirkens.
Aus diesem Willen, der der Wille der Liebe ist, stammt die
Sendung des Sohnes. Die vollkommenste Einheit von Vater und
Sohn hebt dieses Verhältniß nicht auf, vielmehr ist sie selbst das
Product göttlichen Willens in Bezug auf den Sohn.

Aber um dieses Verhältniß von Vater und Sohn sicherer
zu erkennen und vor Betrachtungen zu schützen, die dem Evangelisten
fremd sind, ist erstlich der Sinn des Wortes „Sohn" noch näher
zu bestimmen und dabei der Ausdruck „Menschensohn" in Betracht
zu ziehen. Zweitens sind die Aussagen des Sohnes über seine
vorzeitliche Existenz beim Vater zu würdigen. Drittens ist der
Gebrauch des Wortes „ὁ λόγος" im Evangelium abgesehen
vom Prolog zu ermitteln, und endlich viertens sind solche
Stellen zu untersuchen, in denen das Wirken des Vaters von
dem Wirken des Sohnes verschieden erscheint.

---

[1] Man beachte aber das „μου". Der Satz in dem Brief (I, 5,20):
οὗτός ἐστιν ὁ ἀληθινὸς θεὸς καὶ ζωὴ αἰώνιος. bezieht sich gewiß nicht auf
den Sohn, sondern auf Gott selbst; s. Holtzmann u. Westcott z. d. St.
(gegen Weiß).

1. Der Ausdruck γεννᾶσθαι kommt im Evangelium an mehreren Stellen von der leiblichen Geburt vor, C. 3,3 -8 von der Geburt aus Gott (ἄνωθεν   ἐκ τοῦ πνεύματος); an einer einzigen Stelle wird er von Jesus selbst gebraucht und bezeichnet hier unzweifelhaft seine irdische Geburt (18,37: ἐγὼ εἰς τοῦτο γεγέννημαι καὶ εἰς τοῦτο ἐλήλυθα εἰς τὸν κόσμον κτλ.). Nirgendwo bezeichnet sich Jesus, wo er sich Sohn Gottes (oder „Sohn") nennt und dabei auf sein ewiges Verhältniß zum Vater zurück- blickt, als den „Geborenen" weder im realistischen noch im über- tragenen Sinn [1]. Demgemäß würde, wenn in dem Ausdruck μονογενής das „Geboren sein" überhaupt hervorzuheben wäre, bei diesen Worten nur an die irdische Geburt zu denken sein. Allein im Gebrauch ist diese Wortbildung wesentlich gleich „unicus" ge- worden [2]. Sie kommt im Evangelium — vom Prolog abgesehen nur 3,16. 18 vor [3]. Der Zusammenhang legt es nicht nahe, daß auf der zweiten Hälfte des Worts irgendwie Nachdruck liegt. Betont man sie aber, so ist, bei dem völligen Schweigen des Evangeliums über eine vorzeitliche Geburt, auch hier zu urtheilen, daß der Evangelist den geschichtlichen Jesus in der Totalität seiner Erscheinung so nennt. Der Jesus Christus, wie er nicht als Phantom, nicht als Doppelwesen, sondern in menschlicher Art in Raum und Zeit gelebt hat, ist der Sohn Gottes. Wie allen Menschen kommt auch ihm nur eine Geburt zu, die, durch welche er in die Erscheinung getreten ist. Der Evangelist spricht es nicht aus, ob und inwiefern in der Art dieser Geburt ins Irdische die besondere Gottessohnschaft dieses Jesus begründet ist. Man kann daher annehmen, daß er an eine wunderbare Geburt gedacht hat, wie sie bei Matthäus und Lucas erzählt ist. Man kann aber auch annehmen, daß der Evangelist die Sohnschaft lediglich in der

---

[1] Auch der erste Johannesbrief braucht den Ausdruck „von Gott ge- boren sein" nur für die Gläubigen, nicht für Christus, s. 2,29; 3,9; 4,7: 5,1. 4.18. Diese Beobachtung erlitte allerdings eine Ausnahme, wenn 5,18 ὁ γεννηθεὶς ἐκ τοῦ θεοῦ Christum bedeuten sollte, wie Westcott u. A. annehmen. Allein diese Auslegung ist nicht zu halten.

[2] S. Westcott zu 1 Joh. 4,9.

[3] Hier im Munde des Evangelisten, nicht Jesu selbst.

besonderen Beziehung angeschaut hat, in die sich der Vater zu diesem Jesus von Anfang angesetzt hat. Man würde den Worten des Evangelisten Gewalt anthun, wenn man hier entscheiden wollte. Man ist vielmehr verpflichtet, dort stehen zu bleiben, wo er selbst in der Betrachtung stehen geblieben ist. Bestimmt aus= geschlossen, weil durch keinen Ausdruck angezeigt, ist nur die Vor= stellung einer vorzeitlichen · Zeugung und Geburt.

Neben dem Ausdruck „der Sohn" „der Gottessohn" findet sich aber in dem Evangelium, und zwar im Munde Jesu selbst, nicht ganz selten die Bezeichnung „der Menschensohn". Es fragt sich erstlich, ob diese Bezeichnung dem Evangelisten von selbständigem Werth ist oder ob er sie lediglich der Ueberlieferung als einen feststehenden terminus entnommen hat, zweitens wie er sie, wenn sie ihm werthvoll war, verstanden wissen wollte. Die Beantwortung der ersten Frage scheint mir nicht zweifelhaft. Ein Verfasser, der sich so souverän der synoptischen Tradition gegenüber gestellt hat und der überall zeigt, daß er die verhältnißmäßig wenigen Begriffe, die er braucht, mit Bedacht braucht und selbst in ihnen lebt, hat sich zur Wahl jener Bezeichnung nicht durch äußere Gründe nöthigen lassen. Was aber den Sinn der Bezeichnung „Menschensohn" betrifft, so zeigt der Context 1,51: 3,13. 14: 8,28, besonders aber 5,27; 6,62; 12,34, daß sie = „der Messias" zu verstehen ist [1]), aber als der Messias, wie ihn Daniel (nach dem damaligen Ver= ständniß seiner Prophetie) geschaut hat, nämlich als der im Himmel bei Gott weilende und vom Himmel herabgekommene [2]). Daß der Evangelist den Namen „Menschensohn" für „Messias" gerade dort braucht, wo der Messias als himmlisches Wesen in Betracht

---

[1]) An der letzten Stelle wird ὁ Χριστός zunächst durch ὁ υἱὸς τοῦ ἀνθρώ- που einfach aufgenommen: ἡμεῖς ἠκούσαμεν ἐκ τοῦ νόμου ὅτι ὁ Χριστὸς μένει εἰς τὸν αἰῶνα, καὶ πῶς λέγεις σὺ ὅτι δεῖ ὑψωθῆναι τὸν υἱὸν τοῦ ἀνθρώπου. Wenn dann fortgefahren wird: τίς ἐστιν οὗτος ὁ υἱὸς τοῦ ἀνθρώπου, so wird nicht nach dem richtigen Verständniß des Ausdrucks gefragt — er ist keines= wegs controvers —, sondern nach der Berechtigung Jesu ihn zu tragen, wenn er doch selbst ankündigt, daß er, wie andere vor ihm, wieder verschwinden werde.

[2]) Richtig O. Holtzmann, das Joh. Ev. S. 83: „Das von Daniel prophezeite Ereigniß ist aber für Johannes nicht mehr zukünftig, sondern ver= gangen."

kommt, macht es offenbar, daß ihm der Glaube an die himmlische
Art des Messias ebenso geläufig war, wie das Wort „Menschen=
sohn" zur Bezeichnung dieser Art [1]). Nach den deutlichen Stellen
sind die minder deutlichen zu beurtheilen. Man darf daher an=
nehmen, daß 6,27 der Ausdruck „Menschensohn" steht, weil von
der himmlischen Speise die Rede ist, welche Jesus als der himm=
lische Messias geben wird. Demgemäß ist auch 6,53 vom φαγεῖν
τὴν σάρκα τοῦ υἱοῦ τοῦ ἀνθρώπου die Rede: nicht um das Essen
des Fleisches eines Menschen, sondern eines himmlischen Menschen,
nämlich des Messias, handelt es sich. In C. 12,23 und 13,31
steht derselbe Ausdruck: denn durch die himmlische Verklärung,
die nun anbricht, erhält der himmlische Messias, was ihm gebührt.

Der Ausdruck „Sohn" „Gottessohn" drückt nach dem Evan=
gelisten das einzigartige Verhältniß zum Vater aus. Eine Theorie
über den Ursprung dieses Verhältnisses ist dabei nicht gegeben,
auch überschreitet die Vorstellung — wenigstens soweit wir die
Zeugnisse bisher eingesehen haben — nicht die Grenzen des mensch=
lichen Daseins Jesu. Jesus ist der „Sohn" auf Grund der
Immanenz Gottes des Vaters in ihm und der ihr entsprechenden
Mittheilung des Vaters an ihn. Diese „Sohnschaft" ist erkennbar
an den Werken und an der Lehre, die sich als göttliche erweisen.
Der Ausdruck „Menschensohn" bezeichnet Jesum als den Gott
untergebenen Messias; mit dieser Bezeichnung aber ist unabtrenn=
bar die Vorstellung gesetzt, daß er im Himmel geweilt hat, vom
Himmel herabgestiegen ist, auffahren und verherrlicht werden, endlich
das Gericht halten wird. Es ist also genau das Umgekehrte von
dem wahr, was die gemeine Meinung voraussetzt. Die Bezeichnung
„Menschensohn" für Jesus führt direct ins Himmlische und in die
„Metaphysik", nicht die Bezeichnung „Gottessohn".

2. Die Vorstellung der himmlischen Herkunft und Präexistenz
erscheint also nach dem Evangelium zunächst an die Messianität
Jesu geknüpft. Es ist wichtig, dies zu constatiren. Das jüdische

------

[1]) Eine Combination von „Messias" und „Gottessohn" findet sich 11,27:
σὺ εἶ ὁ Χριστὸς ὁ υἱὸς τοῦ θεοῦ ὁ εἰς τὸν κόσμον ἐρχόμενος. Hier spricht
Martha, die schon Gläubige ist und Jesum so erkannt hat, wie er erkannt sein
will; vgl. dieselbe Formel am Schluß des Ev's.

Bewußtsein des Verfassers tritt darin scharf und bestimmt hervor.
Auf den Messias wird man die Engel Gottes hinauf= und hinab=
steigen sehen (1,51). Nur der, der vom Himmel herabgestiegen
ist, nämlich der Messias, kann zum Himmel auffahren (3,13) und
erhöht werden (3,14: 8,28; 12,34). Man wird den Messias
dorthin auffahren sehen, wo er früher gewesen ist (6,62). Wie
sind diese Sätze zu verstehen? Wollen sie die Menschheit des
Messias in Abrede stellen? oder setzen sie den Messias als ein
Doppelwesen voraus? Beides ist nicht der Fall. Die Menschheit
ist eben durch den Ausdruck „υἱὸς τοῦ ἀνθρώπου", der gerade in
diesem Zusammenhang gebraucht wird, so deutlich wie möglich vor=
ausgesetzt, und eine Doppelpersönlichkeit ist durch nichts angedeutet.
Auch liegt diese Vorstellung der ganzen Zeit vollständig fern. Also
bleibt nur der Thatbestand übrig, daß der Messias zwar „ἄνθρωπος"
ist, aber dennoch, und zwar als solcher, vor seiner zeitlichen Er=
scheinung bei Gott geweilt hat. Wie dieser Thatbestand geschichtlich
und sachlich zu erklären ist, habe ich in meinem Lehrbuch der
Dogmengesch. I² S. 710 ff. 717 f. zu zeigen versucht. Man hat
vor allem jede rationelle Erklärung fern zu halten, aber auch die
empirische Vorstellbarkeit [1]. Weil Gott die Geschichte hervorruft,
ihre Zwecke setzt und sie lenkt, darum steht Alles vor ihm, und
was von ihm als Großes und Erhabenes ausgeführt werden soll,
ist πρὸ καταβολῆς κόσμου von ihm bereitet. So ist schon vorher
im Himmel da, was nachher auf Erden in die Erscheinung treten
soll, und es ist um so sicherer da, je größer und erhabener es ist.
Diese religiöse Speculation diente ursprünglich der Verherrlichung
Gottes. Aber es konnte nicht ausbleiben, daß sie allmählich auch
der Verherrlichung der Dinge und Personen diente, auf die man
sie anwandte. Im Zeitalter Christi und der Apostel wurde sie
auf den Messias angewandt. Eine ausdrückliche prophetische
Offenbarung bestätigte sie — die Vision des Daniel. Der Messias,

---

[1] Damit ist gesagt, daß auch die Vorstellung eines „himmlischen Men=
schen", eines Ideal= und Urmenschen zu verbannen ist. In gewissen Grenzen
trifft sie für die paulinische Theologie zu; doch wird auch hier sehr Vieles
eingetragen, woran der Apostel sicherlich nicht gedacht hat. Im 4. Ev. aber
hat der „Idealmensch" keine Stelle.

der als Mensch aus den Menschen geboren werden wird, weilt bereits
bei Gott im Himmel. Geboren, wird er in die Verborgenheit gehen
sei es bei Gott, sei es auf Erden —, um dann zu erscheinen und
zu bleiben εἰς τὸν αἰῶνα (Joh. 12,34). Wie Jemand, der als Mensch
geboren werden wird, schon vor Erschaffung der Welt bei Gott
weilen kann, fragte man nicht, weil man nicht philosophirte, sondern
Gott und den Messias durch solche Betrachtung preisen wollte. Machte
man aber die Erfahrung, daß der erschienene Messias noch nicht
sofort in himmlischer Glorie auftrat, so war der Schluß gefordert,
daß er ein δοξάζεσθαι erleben werde (Joh. 12,23: 13,31), daß er,
wie er vom Himmel gekommen, in den Himmel aufgefahren sei,
um zum Gericht in Herrlichkeit zurückzukehren.

Ein Theil der Aussagen über die Präexistenz Jesu im 4. Evan=
gelium ist unter dem hier gegebenen Gesichtspunkt zu verstehen.
Es sind keine Aussagen über „Präexistenz" in dem Sinne, den
man heute mit diesem Worte verbindet: denn sie behaupten nicht,
daß Jesus als göttliches Geistwesen (etwa als Λόγος ἄσαρκος)
vor seiner irdischen Existenz existirt habe, sondern sie versetzen den
ganzen Menschen in die vorweltliche Zeit zu Gott.

Aber finden sich nicht im 4. Evangelium andere Stellen,
die eine Präexistenz des „Sohnes" — unabhängig vom Gedanken
der Messianität - und in der Form eines fleischlosen Geistwesens
aussagen? Es wird dies fast allgemein behauptet, und in einer
Richtung ist wirklich im Evangelium ein außerordentlicher Fort=
schritt der Betrachtung gegeben, wie er sich selbst bei Paulus nicht
so deutlich findet. Der Präexistenzgedanke hat eine selbst=
ständige, die ganze Vorstellung von Jesus beherrschende
Stellung erhalten. Er liegt nicht mehr am Horizonte, er
bildet nicht mehr einen ungewissen Hintergrund, er schließt nicht
mehr nur die Persönlichkeit Jesu in den Weltzweck Gottes ein,
sondern er wird als eine entscheidende Aussage über diesen
Jesus vorgetragen, und er giebt ihm in gewisser Weise
Selbständigkeit neben Gott. So nur ist es zu verstehen,
wenn der Täufer sein Zeugniß über ihn in die Worte zusammen=
fassen kann (1,30): ὀπίσω μου ἔρχεται ἀνήρ ὃς ἔμπροσθέν μου
γέγονεν, ὅτι πρῶτός μου ἦν. und wenn es (3,31 f.) heißt: ὁ ἄνωθεν

ἐρχόμενος ἐπάνω πάντων ἐστίν · ὁ ὢν ἐκ τῆς γῆς ἐκ τῆς γῆς ἐστιν καὶ
ἐκ τῆς γῆς λαλεῖ. ὁ ἐκ τοῦ οὐρανοῦ ἐρχόμενος ἐπάνω πάντων ἐστίν.
vgl. 8,23: ὑμεῖς ἐκ τῶν κάτω ἐστέ, ἐγὼ ἐκ τῶν ἄνω εἰμί. ὑμεῖς ἐκ
τούτου τοῦ κόσμου ἐστέ, ἐγὼ οὐκ εἰμὶ ἐκ τοῦ κόσμου τούτου. In
einen anderen Zusammenhang, den spezifisch messianischen, gehört
vielleicht noch die Aussage 6,33; aber die Wendung, welche die Rede
mit den Juden dann nimmt, zeigt deutlich, daß die Präexistenz
von ihnen als Paradoxie, ja als Blasphemie empfunden werden
soll. Daraus geht hervor, daß der Verf. sich bewußt ist, etwas
zu sagen, was über die gewöhnlichen Vorstellungen vom Messias
weit hinaus geht. Das „vom Himmel gekommen" soll als reale
Thatsache verstanden werden und erhält den strengsten Sinn
(6,38 ff.). Die Frage der Juden: „Wie kann der, dessen Vater
und Mutter wir kennen, sagen: ich bin vom Himmel herabgekommen",
wird freilich nicht beantwortet — es ist das für die Haltung des
Evangeliums bemerkenswerth —: sie wird vielmehr benutzt, um
die starke Aussage zu bringen: „Niemand hat den Vater geschaut
außer ὁ ὢν παρὰ (τοῦ) θεοῦ. οὗτος ἑώρακεν τὸν πατέρα." Man
erkennt, welche Bedeutung für den Evangelisten das εἶναι παρὰ
τοῦ θεοῦ besitzen muß. Hierher gehören auch Aussagen wie die
8,14: οἶδα πόθεν ἦλθον καὶ ποῦ ὑπάγω. 7,33: ὑπάγω πρὸς τὸν
πέμψαντά με. 13,3; 16,27. Statt ἀπὸ (παρὰ) τοῦ θεοῦ ἐξῆλθον
kann der Evangelist sogar zweimal Jesum sagen lassen: ἐκ τοῦ
θεοῦ ἐξῆλθον (8,42. 16,28): jedoch darf dieses „ἐκ", eben weil
es mit ἀπό und παρά wechselt und weil es überhaupt im vierten
Ev. einen sehr weitschichtigen Gebrauch hat, nicht gepreßt und
etwa mit: „aus dem Wesen" übersetzt werden. Die deutlichste
Stelle dafür, welche Bedeutung für den Evangelisten die Prä=
existenz Jesu hat, wird 8,58 (ἀμὴν ἀμὴν λέγω ὑμῖν, πρὶν Ἀβραὰμ
γενέσθαι ἐγὼ εἰμί) bleiben [1]). Die Feierlichkeit, mit der sie ein=
geführt und zur Lösung eines Räthsels verwendet wird, zeigt, daß
der Gedanke, den sie enthält, dem Verf. nicht nur eine Hülfslinie
gewesen ist, sondern eine entscheidende Position in seinem Glauben

---

[1]) Die Stellen im hohenpriesterlichen Gebet 17,5 und 24 sind nicht so
schlagend, weil sie aus dem messianischen Gedankenkreis erklärt werden können:
s. z. v. 24 die ältere Bezeichnung des Messias als des „Geliebten."

an Jesus. Es kann somit schwerlich bezweifelt werden, daß er nicht nur eine „ideale" — wenn man sie so nennen will — messianische Präexistenz Jesu vorgestellt hat, sondern eine reale Existenz bei Gott [1]. Aber weder hat er diese reale Präexistenz bei Gott mit dem Sohnesnamen verknüpft, noch hat er sich darüber ausgesprochen, wie sie näher zu denken ist. Die, welche Jenes behaupten und zugleich eine nähere Darlegung der Art der Präexistenz geben, tragen in die Texte ein, was dort nicht zu finden ist. Nur das Eine läßt sich sagen, daß die Aussagen über die Präexistenz mit der Grund-voraussetzung des Evangelisten zusammenhängen von dem Gegensatz des Oben und Unten, des Himmels und der Erde, des Geistes und des Fleisches, Gottes und der Welt. Man hat sich aber auch hier vor „metaphysischen" Ausdeutungen zu hüten. Die Präexistenz des Sohnes ist für den Verfasser der selbstverständliche Schluß aus den Thatsachen, daß er der Gesandte Gottes ist und daß er nicht von der Welt ist. Sie enthält darum nicht mehr, als was in diesen beiden Thatsachen liegt; aber sie bringt das zu voller und bewußter Aussage, was sie enthalten. Hier ist kein Halb-dunkel, kein Zerfließen der Zeit in die Ewigkeit übrig gelassen, vielmehr führt der Evangelist Jesum bestimmt in die Ewigkeit zurück und hebt ihn somit aus dem Gegensatz, der das irdische Dasein bestimmt, heraus. Aber es ist doch zu beachten, daß ihm auch in dieser Beziehung die Menschen, welche ihm der Vater gegeben hat, nicht lediglich entgegengesetzt sind. Die zerstreuten „Kinder Gottes", die er in eine Einheit zusammenführen soll (11,52), erscheinen allerdings einerseits der Welt entnommen (17,6) – also ihr ursprünglich angehörend   und durch eine neue Ge-burt, die eine Geburt aus dem Geist und von oben ist, erst dem Bereich des Fleisches entrückt und für das Reich Gottes geschickt gemacht (3,3 ff.); aber andererseits können sie doch als solche be-zeichnet werden, die „ἐκ θεοῦ" (8,47), ἐκ τῆς ἀληθείας (18,37) und nicht „ἐκ τοῦ κόσμου" (15,19) sind. Sie waren schon Gottes,

---

[1] Dasselbe gilt von der Postexistenz. Wie es von dem Messias 12,34 heißt: ὁ Χριστὸς μένει εἰς τὸν αἰῶνα, so heißt es 8,35 vom „Sohn": ὁ υἱὸς μένει εἰς τὸν αἰῶνα. Man erkennt hier wiederum, daß der Evangelist über die messianische Aussage hinausgeht.

bevor er sie dem Sohne gegeben hat (17,6: σοὶ ἦσαν κἀμοὶ αὐτοὺς ἔδωκας), und Jesus sagt von ihnen: οὐκ εἰσὶν ἐκ τοῦ κόσμου καθὼς ἐγὼ οὐκ εἰμὶ ἐκ τοῦ κόσμου. Die Wiederholung (17,14. 16) macht diesen Satz besonders bedeutsam. Allein daß hier der geschichtliche Effect sub specie aeternitatis angeschaut wird, lehrt unzweideutig der Satz: ἐκ τοῦ κόσμου οὐκ ἔστε, ἀλλ᾽ ἐγὼ ἐξελεξάμην ὑμᾶς ἐκ τοῦ κόσμου (15,19). Nicht das Gleiche gilt von Jesus selbst. Zwar scheint eine Aussage nahe an diesen Gedanken heranzustreifen — 10,36: ὃν ὁ πατὴρ ἡγίασεν καὶ ἀπέστειλεν εἰς τὸν κόσμον — und es wird stets bedeutsam bleiben, daß sich der Evangelist auch so ausdrücken konnte; aber diese Betrachtung tritt doch hinter der anderen ganz zurück, daß Jesus das von Ewigkeit her bei Gott ist, was die, welche ihm gegeben sind, durch ihn werden sollen und nur proleptisch bereits sind (als die von Gott Bestimmten und Erwählten und deßhalb Empfänglichen [1]).

Ist aber in diesem Sinn die Präexistenz Jesu im vierten Evangelium etwas, was ihn von allen Anderen unterscheidet — sie sind nur das sub specie aeternitatis, was er ist —[2]), so gilt

---

[1]) Man darf sich dagegen nicht auf 3,21 berufen; denn der Abschnitt 3,19—21 sagt nichts darüber, wie es zum φαῦλα πράσσειν und zum ποιεῖν τὴν ἀλήθειαν (zu den in Gott gethanen Werken) kommt, sondern nur, was ihnen wird.

[2]) Die Behauptung der neueren Exegeten (s. namentlich O. Holtzmann S. 88 f.), daß der Evangelist Gottes Erbarmen gegen die Sünder nicht kennt, muß ich theils für eine Uebertreibung theils für ein Mißverständniß halten. Der Evangelist spricht durchweg so, als sei bereits Alles entschieden. Deßhalb hat er stets das Ergebniß im Auge und trägt es in den Anfang zurück. Wie ernst er es mit der Sünde nimmt und von wie entscheidender Wichtigkeit ihm die Sündenvergebung ist, zeigt vor Allem 1,29 und 20,23. (Man vgl. auch 9,41: ἡ ἁμαρτία ὑμῶν μένει, 15,22. 24 u. 8,21—34.) Mit dem Hinweis auf das Lamm Gottes, welches der Welt Sünde trägt, beginnt das Evangelium, und mit der Uebertragung der Befugniß, Sünden zu vergeben, schließt es. Das, was bei den Synoptikern μετάνοια ist, ist Ev. 3,3 ff. tief gefaßt und nachdrücklich gefordert; es klingt in jedem Spruch wieder, der davon handelt, daß man ohne Gott nichts thun kann. Wer den Verfasser des Briefs mit dem des Evangeliums für identisch hält, dem wird es vollends nicht in den Sinn kommen, zu behaupten, daß Sünde und Sündenvergebung unterschätzt würden. Liegt hier ein Mißverständniß vor, welches sich sogar in die Worte gekleidet

auch hier, daß Jesus das, was er von Ewigkeit ist, als dieser Jesus ist. Auch in diesem Zusammenhang nämlich findet sich nirgends ein Hinweis auf ein Doppeltes in ihm, auf eine göttliche und eine menschliche Natur[1]). Aber — was noch mehr sagen will — es findet sich nicht einmal eine Spur, daß der Evangelist hier ein Räthsel oder ein Problem erkannt hat. Es kann das nur daran liegen, daß er überhaupt nicht nach den Eindrücken von Raum und Zeit urtheilt, sondern nach dem Inhalt. Seine „Metaphysik", von der doch nur per abusum gesprochen werden darf, so lange man auf das Evangelium selbst blickt, wurzelt in dem Satze, den er Jesum sprechen läßt (6,13): τὰ ῥήματα ἃ ἐγὼ λελάληκα ὑμῖν πνεῦμά ἐστιν καὶ ζωή ἐστιν, und in dem Bekenntniß der Jünger (6,68): ῥήματα ζωῆς αἰωνίου ἔχεις. καὶ ἡμεῖς πεπιστεύκαμεν καὶ ἐγνώκαμεν, ὅτι σὺ εἶ ὁ ἅγιος τοῦ θεοῦ. Eben deßhalb spürt er keine Veranlassung zu einem speculativen Räsonnement. Es ist ihm gewiß, daß der, welcher die Gottesworte spricht, selbst Geist und Leben ist und deßhalb zu Gott und in die Ewigkeit gehört.

3. Die Probe auf diese Erkenntniß bildet der völlig un=

---

hat: „Wie ein Magnet das Metall an sich zieht, während das todte Gestein unbewegt bleibt, so fühlen die Kinder Gottes sich angezogen vom Logos und kommen zum Lichte" — als stünde c. 3,3 ff. nicht im Evangelium! —, so liegt andererseits allerdings Grund zur Verwunderung vor, nämlich darüber, daß der Evangelist sich von den concreten Schilderungen der Sünderliebe Jesu, wie sie sich bei den Synoptikern finden, und von ihrer Terminologie so weit entfernt bezw. sie vernachläfsigt hat. Allein augenscheinlich hängt das mit dem Zweck zusammen, den er sich gestellt hat, und mit der Art und Weise, wie er durchweg diesen Zweck zu erreichen sucht. Nicht Armen, Blinden, Lahmen, Zerrütteten und Zerstoßenen will er Jesum als den Heiland zeigen, sondern die, bei:n er Jesum als den Christus, den Sohn Gottes, verkündet, sind „Denkende", und er selbst ist ein Solcher. Für diese stehen aber auch die höchsten Güter und die sittlichen Forderungen unter der Kritik des Geistes, und er schildert ihnen als abgeschlossene, ruhende Größen, was eigentlich ein Werden= des ist.

[1]) Es liegt auf der Hand, daß der Spruch 6,63: τὸ πνεῦμά ἐστιν τὸ ζωοποιοῦν, ἡ σὰρξ οὐκ ὠφελεῖ οὐδέν, hier nicht verwerthet werden darf; denn er ist allgemein gefaßt und hat es nicht mit dem Gegensatz des Göttlichen und Menschlichen zu thun.

befangene Gebrauch des Wortes „ὁ λόγος" in dem Evangelium [1]).
Es findet sich, abgesehen von dem Prolog, 36 mal. Achtmal
wird das Wort von der Rede Anderer gebraucht, neunmal von
Einzelworten Jesu, elfmal von der ganzen Predigt Jesu (4,41;
5,24; 8,31. 37. 43. 51. 52; 14,23. 24; 15,3. 20ᵇ). Schon
dies wäre auffallend, daß der Evangelist Jesus so unbefangen von
„ὁ λόγος μου" sprechen läßt, wenn ihm wirklich der „Logos-Christus"
der „Centralbegriff" wäre. Allein noch wichtiger sind die noch
übrigen acht Stellen. Eine von ihnen ist es deßhalb, weil der
„Logos Jesu" hier eine Art von Personification erfährt (12,48:
ὁ ἀθετῶν ἐμὲ καὶ μὴ λαμβάνων τὰ ῥήματά μου ἔχει τὸν κρίνοντα αὐτόν·
ὁ λόγος ὃν ἐλάλησα, ἐκεῖνος κρινεῖ αὐτὸν ἐν τῇ ἐσχάτῃ ἡμέρᾳ).
Schwebte dem Verfasser immer vor, daß Jesus selbst der Logos
Gottes ist, so entstünde hier eine seltsame Quadrirung des Begriffs.
An den sieben anderen Stellen ist überall von dem λόγος τοῦ θεοῦ
(= Wort im Sinn der Gnadenbotschaft) die Rede, und zwar in
einer Weise, die die Annahme schlechthin ausschließt, daß Jesus
selbst dieser Logos sei oder daß der Verfasser ihn als „den Logos"
neben jenem „Logos" gedacht haben kann. Im hohenpriesterlichen
Gebet heißt es: „sie (die Menschen, die Gott dem Sohn gegeben
hat) haben deinen Logos bewahrt (17,6); ich habe ihnen deinen
Logos gegeben (B. 14): dein Logos ist Wahrheit" (B. 17).
Weder ist der, der hier spricht, selbst als der Logos gedacht, noch
bedeutet Logos hier etwas anderes als „Lehre". Dies geht besonders schlagend aus 14,24ᵇ im Vergleich mit 7,16 hervor. Dort
heißt es: ὁ λόγος ὃν ἀκούετε οὐκ ἔστιν ἐμὸς ἀλλὰ τοῦ πέμψαντός με
πατρός, hier: ἡ ἐμὴ διδαχὴ οὐκ ἔστιν ἐμὴ ἀλλὰ τοῦ πέμψαντός με.
In c. 10,35 wird eine Psalmstelle als „ὁ λόγος τοῦ θεοῦ" bezeichnet.
Von entscheidender Bedeutung aber ist, daß Jesus 8,55 von sich
selbst zeugt: οἶδα (θεὸν) καὶ τὸν λόγον αὐτοῦ τηρῶ. In unbefangenster
Weise sagt hier der Evangelist, daß der Logos Gottes auch für
den Sohn das zu bewahrende Gut und die Norm ist. Endlich

---

[1]) Dieser unbefangene Gebrauch ist um so bemerkenswerther, als der
Evangelist den Ausdruck τὰ ῥήματα nicht selten anwendet und ihn in demselben Sinne wie ὁ λόγος braucht. Er hätte also den letztern Ausdruck leicht
vermeiden können.

heißt es 5,38: τὸν λόγον (τοῦ πατρὸς) οὐκ ἔχετε ἐν ὑμῖν μένοντα, ὅτι ὃν ἀπέστειλεν ἐκεῖνος τούτῳ ὑμεῖς οὐ πιστεύετε. Der Logos Gottes, d. h. seine Auswirkung im kanonischen Wort, erscheint hier wie ein Selbständiges. Aber wenn dem Verfasser, als er diese Worte niederschrieb, der Logos-Christus vorgeschwebt hätte, wie verworren wären Gedanken und Ausdruck! „Logos Gottes" ist der ganze Umfang der göttlichen Lehre, jedes einzelne Gotteswort, die heilige Schrift; aber schlechterdings nichts im ganzen Evangelium von 1,19 an weist darauf hin, daß Jesus selbst der „Logos" ist oder sein könnte oder daß ein Doppelsein beabsichtigt wäre. So stehen auch was nach dem Ausgeführten selbstverständlich ist — die Stellen, wo von der Präexistenz die Rede ist, in keiner Verbindung mit denen, wo der Ausdruck „Logos Gottes" oder „mein Logos" gebraucht wird [1]).

4. Es erübrigt noch, auf ein paar Stellen einzugehen, welche die Verschiedenheit des Wirkens des Vaters und des Sohnes hervorheben. In erster Linie kommen hier die Stellen in Betracht, in denen das Zeugniß des Vaters für den Sohn scharf vom Zeugniß des Sohnes unterschieden wird. Von dem Sohne heißt es: „Was er gesehen und gehört hat, das bezeugt er" (3,32; 3,11 gehört vielleicht nicht hierher), und er ist gekommen „für die Wahrheit zu zeugen" (18,37). Umgekehrt wird (5,31 f.) gesagt, daß ein Anderer ist, der für den Sohn zeugt, nämlich der Vater (s. 5,37: ὁ πέμψας με πατὴρ ἐκεῖνος μεμαρτύρηκεν περὶ ἐμοῦ, vgl. 8,18). Damit ist ein besonderes Wirken des Vaters ausgesagt, welches nicht in dem des Sohnes aufgeht, sondern neben demselben ein= hergeht; denn das Zeugniß des Vaters vollzieht sich nicht nur in

---

[1]) Es ist sehr beachtenswerth, daß sich der Gebrauch des Wortes „ὁ λόγος" im ersten Brief mit dem im Evangelium deckt (nur 3,18 kommt das Wort im Gegensatz zu ἔργον und ἀλήθεια neben γλώσσῃ vor, eine Verwendung, die im Evangelium fehlt). C. 1,1 des Briefs steht ὁ λόγος in ebenso eigenthümlicher Bedeutung wie im Ev. 1,1 (s darüber unten). Dann folgt es noch viermal und ist hier immer als Wort Gottes im Sinne der Gnadenbotschaft zu verstehen; c. 1,10: ὁ λόγος αὐτοῦ οὐκ ἔστιν ἐν ἡμῖν. 2,5: ὃς δ' ἂν τηρῇ αὐτοῦ τὸν λόγον. 2,7: ἡ ἐντολὴ ἡ παλαιά ἐστιν ὁ λόγος ὃν ἠκούσατε. 2,14: ὁ λόγος (τοῦ θεοῦ) ἐν ὑμῖν μένει. Die letzte Stelle ist besonders wichtig, weil sie sich mit Ev. 5,38 deckt.

den Werken und Worten, die er dem Sohne gegeben hat, sondern
wird ausdrücklich noch von ihnen unterschieden (vgl. 5,36 mit 5,37).
Daher kann der Evangelist sogar Jesum sprechen lassen: „Niemand
kann zu mir kommen, wenn nicht der Vater, der mich gesandt
hat, ihn ziehe" und: „Jeglicher, der vom Vater (die rechte Lehre)
gehört und gelernt hat, kommt zu mir" (6,44. 45). Im folgenden
Vers wird allerdings sofort das Mißverständniß abgeschnitten, als
gäbe es Menschen außer und neben dem Sohne, die Gott „geschaut"
hätten; aber damit wird der Gedanke nicht aufgehoben, daß der
Vater zum Sohne zieht, daß es also ein unmittelbares Wirken
des Vaters auf die Herzen derer giebt, die er dem Sohn gegeben
hat und für die er das Leben bestimmt hat (vgl. auch 6,65:
οὐδεὶς δύναται ἐλθεῖν πρός με, ἐὰν μὴ ᾖ δεδόμενον αὐτῷ ἐκ τοῦ πατρός,
und 3,27: οὐ δύναται ἄνθρωπος λαμβάνειν οὐδὲν ἐὰν μὴ ᾖ δεδομένον
αὐτῷ ἐκ τοῦ οὐρανοῦ). Daß der Evangelist ein solches unmittelbares
Wirken des Vaters in der Welt neben dem Wirken des Sohnes
festhält, ist von höchster Bedeutung; denn es zeigt, daß er frei ist
von jeder, die selbständige Wirksamkeit Gottes beschränkenden theolo=
gischen Theorie über das Wirken Gottes. An die Logoslehre wird
man hier nicht nur nicht erinnert, sondern vielmehr in eine dieser
Lehre entgegengesetzte Richtung verwiesen. Man darf dagegen
auch nicht einwenden, daß der Zug des Vaters zum Sohne lediglich
die Ausgestaltung des Gedankens ist, daß der Sohn nur solche
für sich gewinnen kann, die bereits vorher von Gott erwählt und
für ihn bestimmt sind; denn wenn es sich nur um diesen Gedanken
gehandelt hätte, wäre eine „Ausgestaltung" überflüssig, resp. störend
gewesen. Hat sie der Evangelist dennoch geboten, so kann sie nur
ein Ausdruck dafür sein, daß er das Wirken des Vaters nicht
in dem des Sohnes aufgehen lassen wollte [1]), daß ihm Vater und
Sohn bei aller Einheit des Inhalts ihres Wesens (als Licht,
Leben und Wahrheit) zwei wirklich verschiedene Subjecte sind (ὁ
πατήρ μου ἕως ἄρτι ἐργάζεται, κἀγὼ ἐργάζομαι 5,17), die eine

---

[1]) Aus 4,22 folgt, daß der Evangelist von einer vorchristlichen Gottes=
erkenntniß weiß.

verschiedene Weltwirksamkeit haben [1]), und von denen das eine das, was es thut, kraft seiner Selbstherrlichkeit thut, das andere kraft des ihm übertragenen Berufs, der freilich nicht nur die Uebertragung eines Amtes ist, sondern die Heiligung der Person. Die Menschen sollen den Sohn ehren wie sie den Vater ehren (5,23); aber der Sohn ist trotzdem der Weinstock und der Vater der Gärtner (15,1) [2]).

Es ist gewiß eine irrige und dazu noch ganz hohle Anschauung, auf Grund deren behauptet wird, das Bewußtsein Jesu, wie es im 4. Evangelium vorgestellt wird, sei ein einfach menschliches. Aber es scheint mir kaum minder irrig, zu behaupten, das Bewußtsein Jesu in unserem Evangelium sei das göttliche oder ein göttliches. Was dieses Bewußtsein für die neutral-psychologische Betrachtung ist, hat der Evangelist überhaupt nicht gesagt. Daß er absichtlich schillernde Begriffe eingeführt und auch für seine christologische Betrachtung der Theorie von dem dreifachen Schriftsinn gehuldigt hat — ob er ihr sonst huldigt, lasse ich hier dahingestellt —, hat sich uns nirgends ergeben. Ebenso wenig führt vom 19. Verse des 1. Capitels ab irgend etwas darauf, daß er auf die Identificirung von Jesus und einem irgendwie gefaßten „Logos" Gewicht legt. Wir haben vielmehr gesehen, daß er Ausführungen bietet, die dieser Identificirung direkt entgegenstehen. Eine Stelle im Evangelium, wo sie sich als die natürliche Erklärung resp. Ergänzung des Selbstzeugnisses Jesu bietet, habe ich nirgends gefunden [3]). Ich glaube nicht zu irren, wenn ich be

---

[1]) Der Vater redet direkt zu Johannes dem Täufer 1,33; er liebt die Welt 3,16; er weckt die Todten auf 5,21; er hat zu Moses geredet 9,29; die Sprüche im Alten Testament sind seine Sprüche 10,34 f.; er liebt die Jünger Jesu 16,27 und erhört von sich aus die Gebete 16,23, 26; 9,31 u. s. w.

[2]) Hier tritt die volle Selbständigkeit des Wirkens des Vaters in der Welt noch einmal besonders deutlich hervor (V. 2): πᾶν κλῆμα ἐν ἐμοὶ μὴ φέρον καρπὸν αἴρει αὐτό, καὶ πᾶν τὸ καρπὸν φέρον καθαίρει αὐτὸ ἵνα καρπὸν πλείονα φέρῃ.

[3]) Die Ausleger haben sie an vielen Stellen gefunden. Um sie zu widerlegen, müßte man eine fortlaufende Erklärung des Evangeliums geben. Hier

haupte, daß es nie Jemandem in den Sinn gekommen wäre, den johanneischen Christus mit dem alexandrinischen oder mit irgend einem personificirten göttlichen Logos zu identificiren, wenn diese Identificirung nicht im Prologe vollzogen wäre. Man wird noch mehr sagen dürfen: man hätte die nicht zu widerlegen vermocht, welche (unter der Voraussetzung, daß dem Evangelium der Prolog fehlt) gezeigt hätten, daß das Evangelium die Identificirung Jesu mit dem Logos nicht zulasse. Der Weltheiland, der uns in dem Evangelium entgegentritt, mag er nun „Menschensohn" oder „Sohn" oder „Gottessohn" genannt werden, ist nicht von der Welt, sondern aus Gott; aber er wäre nicht „Menschensohn", „Sohn" und „Gottessohn", wenn er nicht geboren wäre d. h. Mensch wäre. Er offenbart den Vater durch seine Worte, seine Reden, seine Person und verlangt, wie Gott geehrt zu werden, da er mit ihm eins ist. Aber seine Beziehung zu Gott ruht auf dem Willen des Vaters, auf seiner Begabung und Willenseinheit mit dem Vater. Eben deßhalb müßte man ihn als Menschen bezeichnen. Aber in heiliger Ehrfurcht hat der Evangelist dies nie unzweideutig ausgesprochen, weil er verlangt, daß dieser Heiland nur nach dem Geist und dem Leben erkannt und beurtheilt werde, die von ihm ausgehen. Nur so erkennt er ihn selber. Indem der Evangelist auf dieser Position verharrt, muß er jedem Hellenen und allen denen, die wie sie forschen und fragen, völlig unverständlich bleiben. Hat er doch die Hauptfrage nicht rund beantwortet, ob dieser Jesus „Gott" oder „Mensch" ist. Für ihn war es nicht die Hauptfrage, ja, in dieser strengen Fassung, überhaupt keine Frage; denn er stand in der jüdischen Ueberlieferung. Diese aber kannte ein Wesen, für welches jene dilemmatische Frage im strengsten Sinn auch nicht existirte den Messias. Gewiß hat der Evangelist das,

---

muß es genügen, gezeigt zu haben, daß die wichtigsten Stellen, nämlich die des Selbstzeugnisses Jesu, eine solche Erklärung oder Ergänzung nicht verlangen. Am wenigsten kann man sie 16,23—26 finden (O. Holtzmann, S. 85: „Der Logos als zeitweilige Schranke zwischen Gott und den Gläubigen, darum auch Christus zeitweilige Schranke"); man müßte denn den Gedanken, daß der Vater größer ist als der Sohn und daß die Gläubigen in unmittelbare Gemeinschaft mit Gott treten sollen, für „alexandrinisch" halten.

was der Messias in seiner Beziehung zu Gott und als Vertreter
Gottes ist, auf Grund der Erkenntniß Jesu Christi in einer Weise
gefaßt, die die jüdische messianische Dogmatik tief unter sich ließ;
aber die Grundform der Vorstellungen vom Messias hat er bei-
behalten. Er hat nicht gesagt, wie kommt der Messias zu Stande
und was ist er der Konstitution seines Wesens nach, sondern er
hat nur gesagt, was bringt der Messias. Weil er aber erkannt
hat, daß der Messias Jesus das selbst ist, was er bringt, daß
er also vor Allem sich selbst bringt, und weil er deßhalb diesen
Messias als das offenbare göttliche Licht, Leben und Wahrheit
schildert und zum ersten Mal in der Geschichte der Menschheit mit
aller Klarheit zum Ausdruck bringt, daß nur die Person die Person
befreit —, geht er scheinbar auf das Gebiet der Frage nach der Konstitution und dem Wesen dieses Jesus=Messias über. Allein es
ist nur scheinbar, oder vielmehr: er versteht unter der Frage nach
dem Wesen nicht das „natürliche" Wesen. Überall versagt das
Evangelium von c. 1, 19 an, wo man es nach dem „natürlichen"
Wesen Jesu befragt. Sein Verfasser hat die Frage wohl gekannt,
aber gerade die Weise, wie er sie 10, 33—38 beantwortet hat
(s. oben S. 196), zeigt, daß er sich nicht von seiner Position ab-
drängen lassen wollte. Die Antwort, die er giebt, ist für Jeden,
der von außen herantritt und wirklich über Konstitution und Wesen
Aufschluß begehrt, völlig unbefriedigend. Sie ist „schillernd", wenn
man sie hellenisch auffaßt oder mit hellenischen Voraussetzungen
an sie herantritt. Aber sie ist befriedigend, wenn man an den
Begriff des Messias denkt und wenn man aus dem Rahmen der
religiösen Betrachtung nicht heraustritt. Beides fällt wirklich bis
zu einem gewissen Grade zusammen. Die Religion sucht nach
einem faßbaren Heiland, an dem sie Gottes gewiß wird und durch
den sie Gottes Wirkung erfährt; alles Übrige ist ihr gleichgiltig.
Auch die, welche einen Messias erwarteten, blickten nach einem
Menschen aus, der in Kraft Jahveh's das Reich Jahveh's ver-
wirklichen sollte. In diesem Sinne ist der religiöse Standpunkt
des Evangelisten die verwirklichte, durch die Erkenntniß Jesu Christi
entwickelte, gereinigte und zur absoluten Religion erhobene Hoffnung Israels. Der Evangelist konnte sich deshalb keine höhere

Aufgabe stellen und hat sich keine höhere Aufgabe gestellt, als den Glauben zu erwecken, Jesus sei der Messias, der Sohn Gottes. Aber freilich verstand er unter „Messias" extensiv und intensiv etwas ganz anderes, als was die Juden unter diesem Begriff verstanden.

2.

Aber das Evangelium wird durch den Prolog eröffnet. Wir haben bisher von ihm abgesehen und müssen uns ihm nun zuwenden.

Zunächst das, was den Prolog mit dem Evangelium verbindet, was jede Abtrennung desselben vom Evangelium unmöglich macht, ist die Übereinstimmung in einer großen Anzahl von entscheidenden Begriffen und darum in der theologischen Weltanschauung. Den Versuchen, den Prolog abzutrennen oder große Partieen aus ihm auszuscheiden, wird man daher entgegentreten müssen, so schwierig auch die Bestimmung seines Verhältnisses zum Ganzen sein mag.

Daß die fünf ersten Verse des Prologs sich weder aus dem A. T. noch aus der Litteratur des späteren palästinensischen Judenthums erklären lassen, ist in neuerer Zeit von mehreren ausgezeichneten Gelehrten aufs gründlichste gezeigt worden[1]). D e r L o g o s, d e r h i e r e i n g e f ü h r t w i r d, i s t d e r L o g o s d e s a l e x a n d r i n i s c h e n J u d e n t h u m s, d e r L o g o s P h i l o 's. Nichts steht in diesen Versen, wenn man auf die Begriffe als einzelne blickt, was nicht auch ein jüdischer Philosoph Alexandriens hätte schreiben können[2]), und andererseits — es ist uns schlechthin unbekannt, daß um das Jahr 100 irgend ein Anderer als ein alexandrinischer Philosoph so schreiben konnte[3]).

Der Evangelist beginnt also den Prolog, indem er den

---

[1]) Siehe besonders Réville und H. Holtzmann, a. a. O. S. 34, wo indeß nicht alle aufgeführten Parallelen gleich schlagend sind.

[2]) Von der majestätischen Form, die nur einem Genius gelingen konnte, ist natürlich abzusehen. Ueber die Auswahl und eigenthümliche Anordnung des hier Gebotenen s. unten.

[3]) Namentlich der 3. Vers macht den alexandrinischen Ursprung zweifellos.

alexandrinischen Logosbegriff an die Spitze stellt und, wie das
Folgende beweist, diesen Begriff fortführt, ihn zum Subjekt der
Erzählung macht. Es fragt sich, wie er ihn fortführt und wie
weit er ihn festhält. Um dies zu erkennen, ist eine Analyse des
Prologs erforderlich.

Den wichtigsten Fingerzeig für das Verständnis des Prologs
giebt die Vergleichung seines Anfangs und Schlusses:

Ἐν ἀρχῇ ἦν ὁ λόγος. καὶ ὁ λόγος ἦν πρὸς τὸν θεόν, καὶ θεὸς ἦν
ὁ λόγος · οὗτος ἦν ἐν ἀρχῇ πρὸς τὸν θεόν.

Θεὸν οὐδεὶς ἑώρακεν πώποτε · μονογενὴς θεὸς[1]) ὁ ὢν εἰς τὸν
κόλπον τοῦ πατρὸς ἐκεῖνος ἐξηγήσατο.

Der Eingang erzählt, daß der Logos „Gott" ist und im
Anfang alles Seins — d. h. vor allem Sein — in einer leben=
digen Beziehung zu Gott gestanden hat. Der Schluß setzt 1) an
die Stelle des unsichtbaren Logos den sichtbaren deus unigenitus
(oder den filius unicus), 2) an die Stelle des Ausdrucks „leben=
dige Beziehung zu Gott", das „in den Schooß des Vaters zu=
rückkehren und dort weilen", 3) an die Stelle der Aussage über
ein überweltliches, für das menschliche Auge und den menschlichen
Sinn unzugängliches Mysterium die Mittheilung, daß die Er=
kenntniß des göttliches Wesens nun zugänglich geworden ist. Augen=
scheinlich ist der Eingang bereits in Hinblick auf diesen Schlußvers
geschrieben, und wenn der Verfasser mit ihm abschließt, um nun
zur Erzählung der Geschichte des Wirkens Jesu überzugehen, so
ist offenbar, daß er mit der Substitution des 18. Verses für die
Verse 1 u. 2 die Absicht, die er mit dem Prolog gehabt, erfüllt hat.

Allein der 18. Vers ist für sich nicht verständlich; denn das
absolute „ἐξηγήσατο" weist auf den 17. Vers zurück, und eine
Untersuchung des Verhältnisses der beiden Verse zeigt, daß der
zweite die Begründung des ersten bringt, obgleich er asyndetisch
angereiht ist und obgleich er — was übrigens bei Begründungen
nichts Auffallendes ist — den Begriff, auf den es ankommt, erst
in seiner vollen Größe enthüllt. Daß nun der 17. Vers seinerseits
wieder zur Begründung des 16. und dieser zur Begründung des

---

[1]) Die LA. ist hier bekanntlich schwankend.

14. dient, kann hier zunächst außer Betracht bleiben. Der 17. Vers enthält die Mittheilung, daß die Gnade und die Wahrheit d. h. die volle Gotteserkenntniß, die nach Inhalt und Form dem Gesetz gegenübersteht — durch Jesus Christus geworden sei. Sie konnte aber nur durch ihn (uns) werden, weil nur eine Selbst= manifestation Gottes menschlichem Sinn die Erkenntniß Gottes enthüllen konnte und Jesus Christus als μονογενής θεός diese Selbstmanifestation ist [1]). Der Schlußgedanke des Prologs lautet also: Eine geschichtliche Person wie Moses, Jesus | Christus, hat die volle Gotteserkenntniß, welche nach | Form und Inhalt dem Gesetz gegenübersteht, offenbart und auf Erden zu Bestand gebracht: er ist -- weil nie ein Mensch Gott geschaut hat — der einzig und innigst mit Gott, von dem er stammt, verbundene „Gott", zu dem er zurückgekehrt ist und bei dem er weilt.

Diese Schlußausführung des Prologs ist wirklich wie Über= schrift so Thema des folgenden „Evangeliums". Wie in ihr nicht mehr vom Logos die Rede ist, so auch nicht im Evangelium; was sie aber behauptet, wird wirklich in der folgenden Geschichtserzählung ausgeführt [2]).

Sieht man genau zu, so enthält sie in sich bereits eine Be= gründung des „θεός μονογενής", die jede andere Begründung über= flüssig zu machen scheint. Steht es fest, daß Jesus Christus die vollkommene Gotteserkenntniß gebracht hat, so folgt aus dem Ober= satz: „θεόν οὐδεὶς ἑώρακεν πώποτε". mit strenger Nothwendigkeit, daß er selbst „θεός" ist, und da er nicht „ὁ θεός" sein kann, weil

---

[1]) Man erkennt hier leicht, warum die LA. μονογενής θεός auch aus inneren Gründen der anderen ὁ μονογενής υἱός vorzuziehen ist, zumal da auch der Schluß des Evangeliums das „θεός" wiederum bringt (20,28). In der LA. ὁ μονογενής υἱός müßte man jedenfalls eben dies Moment ausdrücklich erst betonen, was in der andern LA. als das entscheidende sich selber bietet, d. h. man müßte jenen Ausdruck so erklären, als stünde μονογενής θεός.

[2]) Man beachte, daß der Schluß des Evangeliums C. 20,28 das „θεός" und V. 31 „ὁ υἱός τοῦ θεοῦ" bringt. Eine korrektere Zusammenfassung beider Ausdrücke läßt sich nicht denken, als „μονογενής θεός".

er geschichtliche Person ist, so muß er „θεὸς μονογενής" sein [1]). Also sind die Verse 17 u. 18 in sich geschlossen.

Aber der Verfasser scheint in dem Prolog die Nothwendigkeit empfunden zu haben, die er sonst nirgends in seiner Geschichtserzählung empfunden hat, nachzuweisen, wie es möglich ist, daß dieser Jesus Christus θεὸς μονογενής ist. Sonst will er überall nur zeigen, daß er es ist; hier scheint er einen Nachweis geben zu wollen, warum er es ist. Es genügt ihm nicht, auf Grund des Selbstzeugnisses Jesu, seiner Worte und Werke, zu zeigen, daß er aus Gott und nicht von der Welt ist, sondern er antwortet, wie es scheint, auf die Frage: „Wie kann das zugehen?" — mag diese Frage nun von solchen erhoben sein worden, welche den Thatbestand glauben oder ihn bezweifeln. Dem Nachweise, wie es zugehen kann, scheinen die Verse 1—5 u. 9—14 zu dienen. Man beantwortete in der christlichen Gemeinde dieselbe Frage mit den Worten: „Heiliger Geist ist auf die Mutter Jesu gekommen und Kraft des Höchsten hat sie überschattet; darum ist der von ihr Geborene heilig und Sohn Gottes". Diese Antwort hat unseren Verfasser, scheint es, nicht befriedigt. Er geht weiter zurück, knüpft an einen bekannten und geläufigen Begriff an, aber bildet ihn entscheidender Weise um. Es wird jedoch später festzustellen sein, ob das, was wir hier als scheinbares Motiv bezeichnet haben, das wirkliche gewesen ist.

Daß es sich um einen bekannten und geläufigen Begriff handelt, zeigt die Art der Einführung, und daß es sich um eine Umbildung handelt, lehrt die Ausführung. Die Einführung: nicht auf ὁ λόγος liegt der Ton, sondern auf ἐν ἀρχῇ ἦν, auf πρὸς τὸν θεόν, und auf θεός. Nicht daß es einen Logos giebt, will er sagen,

---

[1]) In diesem Ausdruck liegt ein dreifaches: 1) das göttliche Wesen, 2) die Unterschiedenheit von Gott und die geschichtliche Erscheinung, 3) die Einzigartigkeit. Das göttliche Wesen folgt aus der ἐξήγησις der ἀλήθεια, die nach dem Evangelium Licht, Leben und alle Güter einschließt; die geschichtliche Erscheinung ist eine Thatsache; die Einzigartigkeit folgt daraus, daß er selbst Moses weit hinter sich läßt. Bestritten wird allerdings — und es gilt dies auch für den Ausdruck ὁ υἱὸς μονογενής —, daß der Ausdruck die geschichtliche Erscheinung involvirt. Aber man kann weder im Prolog noch im Evangelium eine Stelle nachweisen, nach der Jesus Christus als Sohn Gottes außerhalb seiner geschichtlichen Erscheinung betrachtet wird; siehe auch zu V. 14.

sondern was von diesem Logos gilt. Nicht an solche richtet er sich, die darüber aufgeklärt werden sollen, daß ein Logos da ist, sondern an solche, die ihn voraussetzen, die aber hören sollen, was er ist. Wer den Prolog aufmerksam liest, wird nicht finden, daß hier eine neue Lehre gebracht werden soll — etwa die, daß es einen Logos Gottes giebt, der erschienen ist —, sondern er wird erkennen, daß der Verfasser ein dreifaches von dem bekannten Logos aussagt: 1) daß er θεός ist und ἐν ἀρχῇ πρὸς τὸν θεόν war, 2) daß das Verhältniß des durch ihn geschaffenen Kosmos zu ihm, dem erschienenen, dem Leben und Licht, kein harmonisches, ungetrübtes gewesen ist. 3) daß er Fleisch geworden ist. Um diese drei Aussagen handelt es sich für ihn. Indem er sie durchführt, gewinnt und rechtfertigt er einerseits die These, auf die es ihm ankommt, daß Jesus Christus μονογενὴς θεός ist, und scheint sich andererseits gegen die Vorstellungen solcher zu richten, die in Jesus den Logos Gottes zwar anerkennen, aber sein Wesen als Gott von Art verkennen[1], sein Verhältniß zum Kosmos nicht durchschauen[2] und das θεὸς ἐν σαρκί auflösen[3]).

Eine kurze Analyse des Prologs soll dies bestätigen. Es ist oben gesagt worden, daß in den fünf ersten Versen nichts stünde, was nicht ein alexandrinischer Jude schreiben konnte. Dies ist gewiß, aber ebenso gewiß ist auch, daß das, was hier aus der Logoslehre geboten wird, eine Auswahl ist, die bereits in Hinblick auf Jesus Christus getroffen ist, eine eigenthümliche Anordnung der Begriffe zeigt, und deßhalb schwerlich so von einem beliebigen Anhänger der Logoslehre getroffen worden wäre. Nachdem der Verfasser gesagt hat, was vom Logos in seinem Verhältniß zu Gott und zur Zeit gilt, hebt er hervor, was in seinem Verhältniß zur Welt gilt. Nichts, was geworden ist, ist ohne ihn geworden[4]). Diese negative Wen-

---

[1]) Indem sie ihn für ein bloßes himmlisches Wesen, einen Äon halten.

[2]) Indem sie eine natürliche Harmonie zwischen ihm und dem Kosmos, resp. den ἴδιοι voraussetzen.

[3]) Indem sie den λόγος (den ἄνω Χριστός) und den Jesus spalten; siehe den 1. und 2. Brief.

[4]) Das ὃ γέγονεν auf das Folgende zu beziehen, verwickelt in unlösbare Schwierigkeiten.

dung des positiven Ausdrucks: ..πάντα δι᾽ αὐτοῦ ἐγένετο. ist schwerlich ohne polemische Absicht. Der Verfasser geht nun zur Beschreibung des Verhältnisses des Logos zu den Menschen über: sie haben nicht Leben in sich, sondern in ihm war Leben und dieses Leben war ihr Licht [1]). Die Identificirung von Leben und Licht ist der Ausdruck der Anschauung der idealen Größen, die der Evangelist durchweg befolgt und die sich nicht ohne Einfluß des Hellenismus in ihm ge= bildet hat. Aber zu beachten ist, daß er nicht sagt, das Licht d. h. die Erkenntniß war das Leben, sondern das Leben war das Licht. „Leben" ist für ihn der entscheidende Begriff, wo „Leben" ist, da ist auch die Erkenntniß. Gewiß, die Menschen bedürfen auf Erden vor allem des Lichtes — in diesem Gedanken stimmt der Verfasser mit den Hellenisten überein —, aber nur wer das Leben hat, hat das Licht. Diese Ordnung der Begriffe ist der hellenistischen entgegen= gesetzt. Der Logos ist das Licht. Das Geschaffene hat nicht nur seinen Ursprung durch ihn empfangen, sondern wird von ihm durch= leuchtet. Hier aber hebt das tragische Verhältniß an. Das Licht scheint [2]) in der Finsterniß, und die Finsterniß hat es nicht ergriffen (festgehalten) [3]).

Der erste Ruhepunkt im Prolog ist hier zu suchen. Nicht

---

[1]) Das Imperfektum ist noch immer das der Erzählung.

[2]) Der Wechsel des Tempus, aber überhaupt der Gebrauch der Tempora hat den Auslegern große Schwierigkeiten gemacht. Soll die vormenschliche Wirksamkeit des Logos in der Welt bezeichnet werden? Wo fängt sie an und wo hört sie auf? Die zutreffendste Lösung im Sinne des Evangelisten scheint mir die zu sein, daß er, sofern er an die erleuchtende Wirksamkeit des Logos denkt, bereits immer schon die menschliche Wirksamkeit im Auge hat, aber sie sub specie aeternitatis betrachtet. Wie es in jenen Sphären kein Oben und kein Unten giebt, so auch kein Vorher und Nachher. Hätte aber der Evangelist ein wirkliches, selbständiges Gewicht auf den Gedanken gelegt, daß der Logos erstens vor der geschichtlichen Erscheinung, zweitens ἐν σαρκί gewirkt habe, so hätte er sich wahrscheinlich anders ausgedrückt. Statt dessen geht er in einer majestätischen Schilderung aus der Ewigkeit und von der Weltschöpfung zur geschichtlichen Wirksamkeit des Logos, der Jesus Christus ist, über. Ihm strahlt aus der Wirksamkeit dieses Christus das Licht ebenso über die Vergangenheit wie über die eigene Gegenwart (V. 18: ὁ ὢν εἰς τὸν κόλπον τοῦ πατρός). So beurtheilt scheint mir das Präsens φαίνει in V. 5 besonders charakteristisch. Der Verfasser sagt nicht nur aus, was in der Vorzeit der Fall war, noch was

eine Geschichte hat der Verfasser erzählt — etwa wie der Logos aus Gott hervorgegangen ist, was er vorher und nachher gethan hat, u. s. w. —, sondern einen bekannten, aber unbestimmten Begriff eines Wesens hat er bestimmt, und er hat ihn so bestimmt, daß dieses Wesen immer concreter erschien. Er ist 1) von Ewigkeit, 2) πρὸς τὸν θεόν, 3) θεός, 4) Schöpfungsmittler, 5) Inhaber von „Leben", 6) als solcher das Licht der Menschen. Nun erst am Schluß tritt eine geschichtliche Aussage ein: „(er scheint als das Licht in der Finsternis) und die Finsterniß hat ihn nicht ergriffen". Sofort wird nun von dem geschichtlichen Vorläufer Jesu, Johannes, gesprochen (B. 6—8), so daß schon hier kein Zweifel darüber sein kann, wer unter dem näher bestimmten Wesen gemeint ist und inwiefern sich das bewahrheitet, daß die Finsterniß ihn nicht ergriffen hat.

Das Einzelne der Verse (6—8) kann hier übergangen werden. Zu beachten aber ist der Contrast zwischen: Ἐν ἀρχῇ ἦν ὁ λόγος καὶ ὁ λόγος ἦν πρὸς τὸν θεόν. καὶ θεὸς ἦν ὁ λόγος . οὗτος ἦν ἐν ἀρχῇ πρὸς τὸν θεόν und Ἐγένετο ἄνθρωπος ἀπεσταλμένος παρὰ θεοῦ, ὄνομα αὐτῷ Ἰωάνης · οὗτος ἦλθεν εἰς μαρτυρίαν. Daß hier Absicht vorliegt, vielleicht polemische, läßt sich nicht verkennen. Vers 9 greift auf Vers 5 zurück. Im ersten Theil des Prologs sollte das unbestimmte Wesen „ὁ λόγος" immer concreter erscheinen; nun soll der Satz: τὸ φῶς ἐν τῇ σκοτίᾳ φαίνει. καὶ ἡ σκοτία αὐτὸ οὐ κατέλαβεν, seine concrete Bestimmtheit erhalten. Es geschieht das 1) durch Fixirung des Zeitmoments: damals als Johannes predigte, war das wahrhaftige Licht im Begriff zu kommen, ja es war bereits gegenwärtig, 2) durch nähere Bestimmung des Begriffs σκοτία: er wird genauer präcisirt als „Welt", und zwar als die durch den Logos geschaffene Welt und als die wider ihn sich verstockende „Welt". Eine nähere Bestimmung geschichtlicher Art

---

zur Zeit des geschichtlichen Wirkens Jesu sich ereignete, sondern was noch eben zutrifft. Er bindet Plusquamperfektum, Perfektum und Gegenwart zusammen. Er kommt in seiner Schilderung B. 1—14 nicht der Gegenwart immer näher, sondern dem Concretum, welches er von Anfang an im Auge hat.

²) Wider die Deutung des οὐ κατέλαβεν als „nicht überwältigt" spricht das οὐκ ἔγνω des 10. und das οὐ παρέλαβον des 11. Verses. Auch ist sprach-

endlich ist es, wenn dann noch hinzugefügt wird, daß er in sein Eigenthum gekommen ist, d. h. zu dem Volk Israel. Aber die Tragik des Erfolges erscheint nur verstärkt: die Seinen nahmen ihn nicht auf. Der allgemeine Satz: τὸ φῶς ἐν τῇ σκοτίᾳ φαίνει καὶ ἡ σκοτία αὐτὸ οὐ κατέλαβεν, hat also seine concrete Präcisirung in den Sätzen empfangen, daß der, von dem Johannes als dem Lichte gezeugt hat, in die durch ihn geschaffene Welt gekommen ist, aber mit dem tragischen Erfolg, daß die „Welt" ihn nicht erkannt hat, und daß er sogar von dem Volke des Eigenthums verworfen worden ist.

Aber nur diesen Mißerfolg zur Aussage zu bringen, hätte den Thatsachen nicht entsprochen. Der Verfasser fügt deshalb bei, daß bei einigen ein herrlicher Erfolg die Frucht des Kommens gewesen ist. Die, welche meinen, es handle sich im Prolog bis zu Vers 14 um den „λόγος ἄσαρκος", gerathen angesichts der Verse 12 u. 13 in besondere Schwierigkeiten. In Wahrheit zeigen eben diese Verse, daß der Verfasser keine fortlaufende Geschichte des Logos erzählen wollte, sondern sagen, wer er ist und welches Verhältniß der erschienene Logos zur Welt hat. So ergänzt er denn den tragischen Erfolg durch die Erklärung, daß das Kommen des Logos in die Welt den Gläubigen die Kindschaft gebracht habe, die sie durch eine Geburt aus Gott [1]) erwerben [2]). Damit ist der zweite Ruhepunkt im Prolog gewonnen. Aber nun soll drittens das, was schon längst stillschweigend vorausgesetzt war, zur deutlichen Aussage kommen. Nachdem der, der als Logos bekannt ist, nach Wesen und Wirkung bezeichnet worden ist, soll er nach seiner geschichtlichen Erscheinung, die von Anfang an dem Verfasser vorschwebte, bestimmt werden. Paradox waren schon die Aussagen von Vers 9 ab, wenn man an den geläufigen Logosbegriff denkt;

---

lich die Übersetzung kaum möglich; endlich empfiehlt sie sich auch deßhalb nicht, weil sie ἡ σκοτία zu einem Activum macht.

[1]) Man beachte das „ἐκ", s. oben S. 203.

[2]) Näheres über die Verse 12 u. 13 gehört nicht hierher. Die vorkanonische LA. ὅς ... ἐγεννήθη entspricht dem johanneischen Sprachgebrauch nicht ganz und ist daher, obschon sie höchst wahrscheinlich dem Justin bekannt war, wohl zu verwerfen.

Denn wie kann dieser Logos in die Welt „kommen", und wie können ihn die Seinigen nicht aufnehmen? Aber das Paradoxeste folgt nun: „Und der Logos wurde Fleisch". Der Verfasser sagt nicht „er war Fleisch" oder „er wurde Mensch". Jenes sagt er nicht, weil der Logos nicht immer Fleisch gewesen ist, dieses nicht, weil „Fleisch" der stärkere Gegensatz zu „Logos" ist. Aber das ἐγένετο ist nicht so zu verstehen, daß er nun erst von dem „λόγος ἄσαρκος" zu dem „λόγος ἔνσαρκος" übergeht, sondern die geschichtliche That= sache, die in ihren Wirkungen schon von Vers 5 ab ins Auge gefaßt war, wird nun besonders hervorgehoben.

Der Logos ist wirklich Fleisch geworden und hat unter uns gezeltet. Hatte der Verfasser in Vers 12 u. 13 von der subjektiven Folge gesprochen, welche die Erscheinung für die Gläubigen hatte, so feiert er hier die Erscheinung selber, bevor er ihren Ertrag für uns noch einmal zum Ausdruck bringt: „Wir schauten seine Herrlichkeit, nicht die Herrlichkeit des „λόγος", sondern die Herrlichkeit des „λόγος ἐν σαρκί". Daß diese „δόξα" qualitativ die göttliche ist, liegt schon im Namen; aber weil sie an einem Menschen erschaut worden ist, wird sie beschrieben als die δόξα eines Eingeborenen vom Vater her. Nur in der Form eines Gleichnisses führt der Verfasser den Begriff der Sohnschaft ein, und er führt ihn erst ein, nachdem er über die irdische Erscheinung keine Zweifel gelassen [1]. In den Worten: „πλήρης χάριτος καὶ ἀληθείας" liegt der Übergang von dem objektiven Eindruck zum subjektiven Erfolg. Der Erschienene ist voll Gnade und Wahrheit (d. h. vollkommene Gotteserkenntniß = φῶς). Dieser Thatbestand, der in dem, was die Person ist, seine objektive Begründung hat, bestätigt sich subjektiv: „denn aus seiner Fülle haben wir alle empfangen und zwar Gnade in immer höherem Maße" (V. 16) [2]. Aus seiner Fülle haben wir sie em=

---

[1]) Daß μονογενής υἱός in Vers 14 nur als Gleichniß eingeführt ist, darüber sollte kein Zweifel sein. Man könnte aber wohl annehmen, daß es den Begriff ὁ μονογενής υἱός (V. 18) einleiten sollte und daß sich der auf= fallende Artikel „ὁ" hier aus dem vorhergegangenen Gleichnisse erklärt. Leicht ist aber diese Annahme nicht; eben deßhalb ist die LA. μονογενής θεός vor= zuziehen.

[2]) Den zwischenliegenden Vers 15, der als Parenthese zu verstehen ist, lasse ich bei Seite. Er ist eingeschoben — aus demselben Grunde wie die Verse

pfangen: Denn durch Moses wurde (nur) das Gesetz gegeben; aber durch Jesus Christus wurde (uns) die Gnade und die Wahrheit.

Nun erst ist der Name, der vom ersten Verse an über dem Prologe schwebte, der Name Jesu Christi, enthüllt. Der Verfasser ist wie ein Mystagoge verfahren. Indem er die enthüllte Wahrheit feiert, hat er den, der sie gebracht hat, in stufenmäßigem Gange enthüllt, nicht indem er seine Geschichte erzählte, sondern indem er immer deutlicher ihn als den, der er ist, und der als geschichtliche Person bekannt ist, vor die Seele stellte. „Fragst du, wer er ist — er heißt Jesus Christ". Zugleich aber liegt eine bemerkens= werte Wendung in dem Fortgang der Ausführung darin, daß er von Vers 14 ab die Aussagen über die Person, die in der ersten Hälfte als Behauptungen vorgetragen waren, nun aus dem subjektiven Ein= druck und Erfolg begründet. Er schließt mit dem Zeugniß, welches wir bereits oben zusammengefaßt haben: Eine geschichtliche Person wie Moses, Jesus Christus, hat die volle Gotteserkenntniß, welche nach Form und Inhalt dem Gesetz gegenüber steht, offenbart und auf Erden zu Bestand gebracht; er ist — weil nie ein Mensch Gott geschaut hat — der einzig und innigst mit Gott, von dem er stammt, verbundene „Gott", zu dem er zurückgekehrt ist und bei dem er weilt. — Damit ist das Thema der Geschichtserzählung erreicht. Vom Logos aber ist in diesen entscheidenden Versen nicht mehr die Rede, sondern von Jesus Christus, dem μονογενὴς θεός.

3.

Welche Resultate ergeben sich aus der Analyse des Prologs im Vergleich mit der des Evangeliums?

1) Unmöglich kann der Evangelist der Erste gewesen sein, der den Logosnamen für Jesus (resp. für den Messias) gebraucht hat, vielmehr muß er ihn als eine verständliche, resp. gebräuchliche

6 bis 8 —, um das „Jesus Christus" des 17. Verses vorzubereiten. Was der Täufer in der Geschichte bedeutet mit seinem Zeugniß: „Dieser ist es", das bedeuten die Verse 6—8 u. 15 in der Ökonomie des Prologs.

Bezeichnung vorgefunden haben [1]). Andernfalls erklärt sich die Art seiner Einführung nicht [2]).

2) Blickt man auf die Ausführungen im Prolog, so ergeben sich drei Möglichkeiten in Bezug auf die Wahl des Ausdrucks. Er kann gewählt sein, entweder um hellenistische Leser in das Ver= ständnis der Person Jesu Christi, des Sohnes Gottes, einzuführen (sie für dieses Verständnisses vorzubereiten), oder um eine falsche Auffassung der Gleichung „Jesus Christus = Logos" zu berich= tigen, oder um die Lehre von dem aus Gott geborenen präexistenten Jesus Christus durch objektive Begründung sicher zu stellen. Die beiden ersten Möglichkeiten schließen sich nicht aus, sondern liegen sich, zumal da die Bezeichnung „ὁ λόγος" für Christus bekannt war, so nahe, daß man sie in Eins zusammenfassen darf. Beide lassen sich aus dem Prolog als Zwecke erweisen. Stellt man sich auf den Standpunkt eines hellenistischen Lesers, so steht nicht, wie für uns, im Prolog Paradoxes voran, sondern die Entwicklung schreitet umgekehrt von Bekanntem zu Paradoxem; sie hält also einen Gang inne, wie er angemessen ist, wo es sich um Vorbereitung und Ein= führung handelt. Zugleich aber läßt sich schwerlich verkennen, daß es dem Verfasser darum zu thun ist, die richtige Auffassung vom Logos aus Licht zu stellen in seinem Verhältniß zu Gott und zur Welt sowie in seiner geschichtlichen Erscheinung. Hier müssen Vor= stellungen geherrscht haben, die er für bedenklich hielt. Der erste Brief erhebt das über jeden Zweifel. Was die dritte Möglichkeit betrifft, so haben wir sie oben (S. 216) für „scheinbar" erklärt. Allein sieht man näher zu, so ist sie wirklich nur scheinbar. Hätte der Verfasser die Frage, warum es von Jesus gilt, daß er prä= existirter, aus Gott geborener Sohn ist, objektiv beantworten

---

[1]) So richtig O. Holtzmann, a. a. O. S. 91, Weizsäcker a. a. O. S. 531.

[2]) Weizsäcker (S. 532 f.) und H. Holtzmann (Handcommentar S. 32) meinen einräumen zu müssen, daß den Christen die Uebertragung des Logos= namens auf Jesus und damit die Annahme der Logoslehre überhaupt dadurch erleichtert war, daß die evangelische Verkündigung „ὁ λόγος τοῦ θεοῦ" hieß. Das ist möglich; allein beweisen läßt es sich nicht. In dem 4. Evangelium wenigstens ist keine Verbindungslinie zwischen dem persönlichen Logos und dem Logos als Gnadenbotschaft Gottes (evangelische Verkündigung) gezogen.

wollen, so hätte er die Ausführung nicht so schließen können, wie er es Vers 14—18 thut. Außerdem richtete er sich an solche, die den Begriff des Logos voraussetzten und ihm entgegentrugen. Also nicht die objektive Begründung war controvers, sondern das Subjekt, um das es sich handelte, war nicht sicher und zutreffend be= stimmt. Endlich giebt der Verfasser in dem Evangelium nirgend= wo eine „objektive" Begründung der Sohnschaft Jesu aus Gott, obgleich er eine Begründung giebt. Er giebt nur die Begründung, die er Vers 16—18 als Schluß seiner Einleitung vorgetragen hat [1].

3) Die geläufige Vorstellung vom Logos hat der Verfasser nicht nur verarbeitet und umgestaltet, sondern ihr die Person Jesu Christi als μονογενής θεός substituirt. Die Verarbeitung und Umgestaltung wird zugestanden, und es ist nicht nöthig, viele Worte zu verlieren. Wer den Vater völlig selbständig neben dem Sohn in der Welt wirken läßt, von einem Zuge des Vaters zum Sohne spricht, vom Logos behauptet, er sei Fleisch geworden, der hat die philonische und jede uns sonst bekannte Logoslehre verlassen, resp. sie aufs gründlichste umgearbeitet. Allein damit ist noch nicht genug gesagt. Beachtet man 1) daß der Verfasser Vers 18 nicht sagt: ὁ λόγος σαρκωθείς ἐξηγήσατο. sondern μονογενής θεός (ὁ μονο-γενής υίός) ὁ ὢν εἰς τὸν κόλπον τοῦ πατρὸς ἐκεῖνος ἐξηγήσατο. 2) daß er in seinem ganzen Evangelium nie auf den Logos zurückkommt, sondern vom „Sohne", „dem Menschensohn", „dem Gottessohn" spricht, 3) daß die Unterscheidung von ὁ λόγος und σάρξ in der Erlöserpersönlichkeit im Evangelium ebenso wenig zu finden ist, wie die Vorstellung der Präexistenz eines λόγος ἄσαρκος, 4) daß in dem Evangelium in unbefangenster Weise vom ὁ λόγος τοῦ θεοῦ im Sinne der Gnadenbotschaft Gottes gesprochen wird [2], so kann man

---

[1] Meint man dennoch, dem Verfasser sei es um eine vernünftige Be= gründung der Präexistenz und Göttlichkeit Christi zu thun gewesen, so hätte diese für seine eigentliche Darstellung doch keine größere Bedeutung gehabt, als die Theorie von der Jungfrauengeburt für die Darstellung des Matthäus und Lucas.

[2] Der Versuch von Wendt, Lehre Jesu I S. 306 f., den Logos des Prologs nach den Stellen zu bestimmen, wo im Evangelium ὁ λόγος τοῦ θεοῦ vorkommt, scheint mir nicht geglückt.

sich dem Schlusse nicht entziehen, daß der Verfasser sich die Auf=
gabe im Prolog gestellt hat, dem Logosbegriff den Begriff des
Sohnes Gottes, der Gott von Art ist, zu substituiren — nicht so
zu substituiren, wie man ein Richtiges an die Stelle eines Falschen
stellt, sondern so, wie man ein Bestimmtes an die Stelle eines
Unbestimmten rückt. Ist das Bestimmte gewonnen, so hat man
das Unbestimmte nicht mehr nöthig. Für den Metaphysiker, den
des 1. und den des 19. Jahrhunderts, freilich ist „Sohn Gottes"
„μονογενής θεός" der vage Begriff und ὁ λόγος der determinirte:
aber daß für den Evangelisten das Umgekehrte der Fall gewesen
ist, zeigt der Prolog für sich, das Evangelium für sich und zeigt
das Verhältniß, in dem beide zu einander stehen [1]. Auch schließt
das Evangelium nicht mit dem Satze: „Damit ihr glaubt, Jesus
sei der Logos", sondern „der Christus, der Sohn Gottes".

4) Ist es erwiesen, daß der Evangelist dem Logos den Sohn
Gottes Jesus Christus substituirt hat, so darf man die johanne=
ische Logoslehre weder eine „Hilfsvorstellung" nennen, noch gar
behaupten, daß die Daten der johanneischen Weltanschauung durch

---

[1] Aus dem Brief erkennt man, wie konstant die Lehrweise des Verfassers
gewesen ist. Auch hier steht ὁ λόγος (τῆς ζωῆς) voran; auch hier ist nicht
τὸ φῶς, sondern ἡ ζωή der höchste Ausdruck; auch hier wird der Logosbegriff
sofort determinirt: „Das ewige Leben" — nicht der Logos oder das Licht ist
genannt — „war beim Vater"; auch hier endlich schließt der volle Ausdruck:
„ὁ πατήρ καὶ ὁ υἱὸς αὐτοῦ Ἰησοῦς Χριστός" die Ausführung ab, und nun
heißt Jesus nicht mehr der Logos, sondern, wie im Evangelium, wird von
ὁ λόγος τοῦ θεοῦ im neutralen Sinn gesprochen. Dieses merkwürdige Ver=
fahren erklärt sich dann aufs beste, wenn „ὁ λόγος" in den Kreisen, für die
der Verfasser schrieb, die bevorzugte Bezeichnung Jesu gewesen ist, unter der
man ihn kannte und feierte, wenn der Verfasser sie gelten ließ, aber doch das
Bedürfniß fühlte, sie zu determiniren, um dann selbst nur den determinirten
Begriff zu brauchen. Höchst beachtenswerth ist es dabei, daß sich auch in den christ=
lichen Stücken der Offenbarung derselbe Thatbestand findet. Jesus Christus
heißt der Sohn Gottes (2,18) und spricht, wie im Evangelium, von seinem
Vater (2,27; 3,5. 21); ὁ λόγος (οἱ λόγοι) τοῦ θεοῦ wird in der Regel neutral
gebraucht; aber einmal — an entscheidender Stelle — heißt es: καὶ κέκληται τὸ
ὄνομα αὐτοῦ · Ὁ λόγος τοῦ θεοῦ (19,13). Eine Determinirung war hier nicht
nöthig, da sie sich aus dem Zusammenhang von selbst ergab. Als den gött=
lichen Logos müssen die Leser Jesum gekannt und gefeiert haben.

sie in lebendige Verbindung gebracht werden. Es wird aber auch
unglaublich, daß die Worte Jesu im Evangelium zum Teil ihren
Ursprung in der Logoslehre haben. Eine „Hilfsvorstellung" ist
die Logoslehre nicht, weil sie nirgends zu Hilfe gerufen wird, wo
man sie erwartet; sie ist vielmehr dem Verfasser geboten gewesen,
und er hat sie benutzt, um zum Heiligthum des Evangeliums zu
führen, also wirklich als Einleitung. Hätte ferner die Logoslehre gar die Bedeutung, die Daten der johanneischen Weltanschauung in eine lebendige Verbindung zu bringen, so mußte sie
in den Reden Jesu mindestens deutlich vorausgesetzt werden. Das
ist aber nicht der Fall; diese verhalten sich vielmehr zu ihr ganz
disparat. Damit ist aber auch erwiesen, daß die Reden nicht aus
der Logoslehre stammen. Sie reicht genau bis an den Punkt, wo
die Bezeichnung des Erlösers als Jesus Christus und als μονογενὴς θεός eintritt. Wie eine Logoslehre aussieht, die wirklich
die lebendige Verbindung aller Teile einer Weltanschauung darstellt,
das kann man aus den Werken der Apologeten des 2. Jahrhunderts
lernen. Aber wie verschieden ist ihre Weltanschauung von der
des 4. Evangelisten! Für sie existirt wirklich nur der Logos, und
Jesus Christus ist eine seiner Erscheinungsformen — wenn sie es
überhaupt für nöthig erachten, diese Erscheinungsform zu nennen.
Für den 4. Evangelisten dagegen existirt Jesus, der Christ, der
Sohn Gottes. Weil er aus seiner Fülle Gnade und Wahrheit
geschöpft hat, weiß er, daß dieser Jesus der Messias von oben ist,
ἐκ τοῦ θεοῦ. Weil er das weiß, weiß er auch, daß dieser Jesus
war, bevor er wurde. Eben deßhalb kann er seinerseits die Spekulation aufnehmen, die Andere begonnen haben und ihn mit dem
Logos identificiren. Aber er nimmt diese Spekulation auf, weil
er sie — sie berichtigend und umgestaltend — als Einführung in
das benutzen kann, was er von diesem Jesus zu predigen und zu
verkündigen hat: daß er der Sohn Gottes ist. Gewiß, die
johanneische Theologie hat Elemente, die nicht ohne Rekurs auf
den Hellenismus geschichtlich verständlich sind; die Art, wie Glauben,
Erkennen und Leben verknüpft sind, scheint mir nicht jüdisch; aber
wer die Logoslehre für den Schlüssel zum Verständniß des vierten
Evangeliums erklärt, muß zuvor aus den Reden Jesu im Evan-

gelium und den übrigen Reden eine Reihe von Fragen und Pro=
blemen abstrahiren, die der Evangelist selbst entweder gar nicht
gestellt oder anders als mit Hilfe der Logoslehre beantwortet hat.
Er hat sie nicht gestellt, weil ihm die Eigenart des Messias als
des himmlischen Menschensohns kein metaphysisches Problem ge=
wesen ist, und weil er das ἐκ θεοῦ εἶναι und die Präexistenz von
ihm bezeugen konnte, ohne in philosophische Skrupeln zu gerathen.
Von einem „Logosevangelium" zu sprechen und den Jesus des
4. Evangeliums als „Logos=Christus" zu bezeichnen, ist daher irre=
führend. Der Jesus der Apologeten ist der „Logos = Christus".
Sie stehen, in ihrer Zeit beurteilt, auf einem vor der Vernunft
haltbaren Standpunkt. „Wenn ihr das Wort den Sohn nennt",
läßt Celsus seinen Juden gegen die Christen sagen, „so stimmen
wir euch bei". Der 4. Evangelist hat aber nicht das „Wort" den
„Sohn" genannt, sondern er hat Jesum so genannt und hat diese
Bezeichnung durch die andere „das Wort" vorbereitet. Dabei hat
er nicht gesorgt, ob alle Züge, die von dem geschichtlichen Jesus
gelten und die er selbst anführt, mit dem gewöhnlich voraus=
gesetzten Inhalt des Begriffs „Logos" stimmten. Oder stimmt es,
daß der Vater dem Sohn später noch größere Werke zeigen wird?
daß er neben dem Sohne wirkt und zu diesem zieht? Gewiß nicht;
aber alle Züge stimmen damit, daß Jesus selbst ..ὁ λόγος τῆς ζωῆς·· ist.

5) Jedoch, wird man einwenden, in dem 4. Evangelium stehen
die Worte: ὁ λόγος σὰρξ ἐγένετο. Wo sie stehen, ob im Prolog
oder in der geschichtlichen Darstellung, ist völlig gleichgiltig: sie
haben überall dasselbe Gewicht, und dieses Gewicht ist ein ab=
solutes. Wer sie geschrieben hat, der hat in ihnen den Schlüssel
zu seiner theologischen Weltanschauung dargeboten; denn die Worte
sind so gewaltig, daß sie schlechterdings nicht an die zweite Stelle
gerückt werden dürfen. Also ist es a priori gewiß, daß die Theo=
logie des 4. Evangelisten von hier aus zu verstehen ist. Der
Monotheismus, der Gegensatz von λόγος und σάρξ, und die That=
sache: ὁ λόγος σάρξ ἐγένετο, sind dieser Theologie zu Grunde zu
legen.

Dieses Apriori erscheint in der That das stärkste Gewicht zu be=
sitzen. Allein bei genauerer Erwägung ist ihm keine Folge zu geben.

Wir lesen heute unwillkürlich das 4. Evangelium unter dem überwäl=
tigenden Eindruck der dogmengeschichtlichen Entwicklung. Daher ist
es für uns selbstverständlich, daß uns das „ὁ λόγος σὰρξ ἐγένετο‟·
— und zwar genau in dieser Formulirung — wie der Höhepunkt
des Evangeliums erscheint und zugleich wie der Quell eines Stromes,
den wir durch die Jahrhunderte verfolgen können und der die leben=
dige Bewegung des christlichen Gedankens in sich gefaßt hat. Aber
wir haben vor Allem die Pflicht, zu untersuchen, was der Satz
seinem Verfasser bedeutete. Wichtige dogmengeschichtliche Fort=
schritte sind bekanntlich öfters aus „versuchten Ideen‟ entstanden
oder aus Formulirungen, die erst in der zweiten und dritten Hand
den Sinn und die Bedeutung erhielten, in der sie dogmengeschicht=
liche Faktoren wurden, oder die man in einer Weise fructificirte,
die ihren Urhebern fern lag. Man denke an den „Menschensohn‟
bei Daniel oder an zahlreiche Formulirungen Tertullian's oder
Augustin's. Vergleicht man nun den Satz: ὁ λόγος σὰρξ ἐγένετο
mit dem ganzen Evangelium und mit dem Brief, so bedarf es
freilich keines Beweises, daß dem Verfasser der Gedanke, „der
Menschensohn ist von Oben gekommen‟, „der Sohn ist bei Gott
gewesen und von Gott gekommen‟, der entscheidende gewesen ist:
aber von der besonderen Formulirung: ὁ λόγος σὰρξ ἐγένετο. läßt
sich das nicht sagen. Weder ist sie ihm „die Erklärung‟ jenes
Gedankens, noch wiederholt er die in ihr liegenden Begriffe (er
braucht zum Theil andere), noch verfolgt er sie in irgend einer
Richtung, während er andererseits durch seine Prämissen einfach
gezwungen war, sie einmal zu formuliren. Aus den Prämissen
Jesus Christus ist der Logos und Jesus Christus ist die geschicht=
liche Erscheinung, die wir geschaut haben, ergab sich das „ὁ λόγος
σὰρξ ἐγένετο‟ mit Nothwendigkeit, zumal wenn schon solche vor=
handen waren, die die Erlöserpersönlichkeit spalteten, in ihr zwar
den Logos anerkannten, aber diesen Logos nicht voll und ganz mit
der geschichtlichen Erscheinung identificirten. Nirgendwo zeigt der
4. Evangelist etwas von dem berauschenden Eindruck, den die Folge=
zeit an dem ὁ λόγος σὰρξ ἐγένετο gewonnen hat; nirgendwo bringt
er eine Formulirung, die aus diesem Satze geflossen ist. Das
Irenäische: „Er ist geworden was wir sind, damit wir würden

was er ist", liegt nicht in seinem Gesichtskreise. Er kennt einen
verwandten Gedanken: aber dieser Gedanke lautet sehr anders:
„damit sie Eins seien gleichwie wir: damit die Liebe, mit der du
mich liebtest, in ihnen sei und ich in ihnen".

Aber, wendet man ein, die ganze Unterscheidung von ἐκ τοῦ θεοῦ
und ἐκ τοῦ κόσμου, von Oben und Unten, von Geist und Fleisch, die der
Theologie des Evangeliums zu Grunde liegt — dieser überbrückte und
doch nicht überbrückte Dualismus enthält in sich schon das „ὁ λόγος
σάρξ ἐγένετο" implicite. Der Dualismus, sagt man, ist philonisch:
somit ist in dem Dualismus der Logos mitgesetzt: der Christ con-
statirt ihn, hebt ihn aber für die Gläubigen eben durch jenen Satz
auf. Allein der Dualismus ist an sich nicht alexandrinisch-philo-
nisch, sondern er ist der dem Evangelium selbst zu Grunde liegende
Gegensatz von Himmelreich und Irdischem in einer Formulirung,
die allerdings nicht ganz ohne Einfluß der hellenistischen Denkweise
zu Stande gekommen ist. Aber dieser Einfluß liegt nicht in der
Aufnahme von Schulsätzen oder in einem erwachten Interesse an
der Kosmologie oder an einer kosmologischen Begründung ethischer
Probleme [1]), sondern in der Vergeistigung und reinen Darstellung
der Gegensätze und in ihrer Formulirung vom Standpunkt des
nun erst erworbenen Lebens und der vollen Gotteserkenntniß aus.
Hierauf haben aber Sprüche Jesu wie der Matth. 11,27 unzweifelhaft auch aufs bedeutendste eingewirkt, und ich fürchte, die Frage
ist eine höchst subtile, was der Verfasser in dieser Beziehung den
Worten Jesu und was er der hellenistischen Luft, die er geathmet
hat, verdankt. Ich vermuthe auch, die Abschätzung dessen, was jedem
Faktor gebührt, könnte den hellenistischen Einfluß kleiner erscheinen

---

[1]) Weizsäcker spricht S. 533 von der „philosophischen Gotteserkenntniß",
die dem Evangelisten als willkommene Ergänzung sein eigenes Bewußtsein erklärt habe. Gewiß darf man jede rein geistige Gotteserkenntniß eine philosophische nennen, da sie sich nicht ohne einen Denkproceß gebildet haben kann.
Aber es ist mir fraglich, ob man die Gotteslehre des 4. Evangelisten, wie es
nach Weizsäcker erscheint, als ein Produkt der Gottesoffenbarung im Evangelium Jesu und einer philosophischen Gotteslehre auffassen darf. Mir scheint es
zutreffender, sie als Fortbildung der evangelischen Gotteserkenntniß unter dem
formalen Einfluß hellenistischer Denkweise zu verstehen.

lassen, als man nach dem Prolog anzunehmen geneigt ist[1]); allein ich leugne diesen Einfluß nicht. Das aber muß ich in Abrede stellen, daß gerade der Logosbegriff von hier aus gefordert erscheint. Der Beweis hierfür ist nicht erbracht, und nach dem, was wir über das Verhältniß des Prologs zum Evangelium festgestellt haben, muß es als ein verhängnisvoller Jrrthum erscheinen, den alexandrinischen Logos oder einen aus dem Prolog als der „Quintessenz" des Evangeliums zurecht gemachten Logos zum stillen Coefficienten des Jesus Christus zu machen, der im Ev. spricht, und seine Reden aus diesem Coefficienten zu erklären. Der Prolog des Evangeliums ist nicht der Schlüssel zum Verständniß des Evangeliums, sondern er bereitet die hellenischen Leser auf dieses vor. Er knüpft an eine bekannte Größe, den Logos, an, bearbeitet ihn und gestaltet ihn um — falsche Christologieen implicite bekämpfend —, um ihm Jesus Christus, den μονογενὴς θεός, zu substituiren, resp. ihn als diesen Jesus Christus zu enthüllen. Von dem Momente an, wo dies geschehen ist, ist der Logosbegriff fallen gelassen. Der Verfasser erzählt nur noch von Jesus, um den Glauben zu begründen, daß er der Messias, der Sohn Gottes sei. Dieser Glaube hat zu seinem Hauptstück die Anerkennung, daß Jesus aus Gott stammt und vom Himmel; aber der Verfasser ist weit von der Ansicht entfernt, diese Anerkennung aus kosmologisch-philosophischen Erwägungen zu bewirken. Auf Grund seines Selbstzeugnisses und weil er volle Gottes-

---

[1]) Die Entscheidung über das Maß des Einflusses liegt darin, ob nach dem Evangelisten Licht und Leben als Mittheilung Jesu nichts anderes sind als das, was der Logos überhaupt der Welt giebt, oder ob vom Logos nur in Hinblick auf Jesus gesprochen wird. Ferner, ob der, welcher das Wort Jesu annimmt, damit nur die Bestimmung erfüllt, die schon in ihm liegt, und die große Scheidung des Glaubens und Unglaubens nur ans Licht bringt, was schon zuvor vorhanden ist. Auf jene Frage antwortet unsere ganze Abhandlung; diese Frage darf nicht ohne Rücksicht auf Cap. 3,3 ff. beantwortet werden. Endlich sind die dualistischen Wendungen, die in ihren Formulirungen alexandrinischen Einfluß verrathen, auch unter den Gesichtspunkt der Prädestinationslehre zu stellen.

erkenntniß und Leben -- schlechthin überirdische, gött=
liche Güter — gebracht hat, erweist sich Jesus nach
dem Evangelisten als der Messias, der Sohn Gottes.

Ein ausgesprochener Gedanke wirkt nicht immer nur in der
Richtung und in dem Maße, welche ihm sein Urheber gegeben hat,
sondern nach eigener Logik und eigenem Schwergewicht. Der Ge=
danke: ὁ λόγος σὰρξ ἐγένετο. hat eine Geschichte gehabt, die von
dem vierten Evangelisten nicht absichtlich so begonnen worden ist.
Zwar weiß man nicht, welchen Antheil der Prolog des Evange=
liums an der Verbreitung und Ausgestaltung der Logoslehre in
der Kirche gehabt hat, wie man auch nicht weiß, wer zuerst die
Identificirung des Messias Jesus und des Logos vollzogen hat
— aber ohne Einfluß auf die Reception und Entwicklung der
Logoslehre ist das 4. Evangelium schon im 2. Jahrhundert nicht
gewesen, und sehr bald wird man es so gelesen haben, wie man
es heute noch meint lesen zu müssen, als das „Logosevangelium".
In Wahrheit jedoch enthält das Evangelium keine Logoslehre, son=
dern es enthüllt den Logos als Jesus den Christ, den Sohn Gottes;
es beschreibt ihn, den heidnische, jüdische und christliche Religions=
philosophen zu kennen glaubten, als den ewigen Sohn Gottes, der
Jesus Christus ist.

Der geschichtliche Christus der Grund unseres Glaubens.

Von

W. Herrmann.

Das obige Thema habe ich in der Zeitschrift „Beweis des Glaubens" (1889—90) in Auseinandersetzungen mit v. Nathusius und Grau behandelt. Ich hatte dabei an die Angriffe dieser Theo=logen auf meine früheren Ausführungen angeknüpft. Die Verhand=lung mit Grau im „Beweis des Glaubens" fortzusetzen, bin ich leider dadurch verhindert worden, daß meine Zeit durch unsere Zeit=schrift beansprucht wurde. Mitgewirkt hat dabei auch der Umstand, daß Grau in seinem letzten gegen mich gerichteten Aufsatz Dar=legungen von Kaftan mit den meinigen zu einem Angriffsobjekt verbunden hatte. Denn so sehr ich mich auch mit Kaftan in der Hauptsache verbunden weiß, so giebt es doch auch zwischen uns theologische Differenzen, die es als unthunlich erscheinen lassen, mir kurzweg die Vertretung seiner Sätze oder ihm die der meinigen zu=zuschieben. Vor Allem aber ging das nicht an im Verfolg einer solchen Wechselrede, wie ich sie mit Grau begonnen hatte. Denn wenn dabei etwas Nützliches herauskommen soll, so ist es nöthig, daß sich jeder der Streitenden auf das Strengste an die Thesen hält, die der Gegner zur Verhandlung dargeboten hat. Ich hatte das gethan; Grau ist leider davon abgewichen. Es ist mir daher schon deshalb nahe gelegt, das Thema in anderer Form weiter zu erörtern. Zu meiner großen Freude haben auch andere die Wichtigkeit der Frage empfunden. Oppenrieder (Neue Kirchliche Zeitschrift 1891, S. 312 ff.), Ewald (Der geschichtliche Christus und die synoptischen Evangelien. Leipzig 1892) und vor Allen Kähler (Der sogenannte historische Christus und der geschichtliche, biblische

Christus. Leipzig 1892) sind mit zum Theil scharfer Wendung gegen mich darauf eingegangen. Es wird sich immermehr heraus- stellen, daß auf dem Boden dieser Frage der Streit zwischen der neuen theologischen Position, die man die Ritschl'sche Schule nennt, und den andern theologischen Gruppen entschieden werden wird. Wer innerhalb der evangelischen Theologie der Gegenwart seine Stellung nehmen will, hat an diesem Punkte die wichtigste Ent- scheidung zu treffen.

Der Streitpunkt ist die alte Frage der Reformation: wie werde ich dessen gewiß, daß ich einen gnädigen Gott habe? In der christ- lichen Kirche ist keine andere Antwort darauf möglich als: durch Jesus Christus. Aber diese Antwort treibt zu einer neuen Frage. Es fragt sich, wie wir gegenwärtig Jesus Christus als den Grund des Glaubens erfassen, daß es einen Gott giebt, der uns aus aller Noth und Sünde herausführen will. Daß uns die h. Schrift dazu dient, ist für evangelische Christen selbstverständlich. Aber sie hilft uns nur, wenn wir sie richtig gebrauchen. Aus der katholischen Kirche haben wir einen doppelten Gebrauch der h. Schrift über- nommen. Sie dient uns als Gesetzbuch religiöser Lehre und als Erbauungsbuch. Die evangelische Kirche ist der Ueberzeugung, daß sie in beiden Beziehungen mit dem Erbe der alten Kirche erst rechten Ernst mache, denn sie hat die Bibel dem Volke gegeben und will in ihrer Lehre sich streng an den Ausdruck des Glaubens binden, den die h. Schrift bezeugt. So gebraucht sie die h. Schrift, weil sie davon überzeugt ist, daß durch dieses Buch Gott zu uns redet. Aber in der evangelischen Kirche hat sich noch ein dritter Gebrauch der h. Schrift ausgebreitet. Sie wird gebraucht als eine Urkunde ge- schichtlicher Zustände, die der Gegenstand historischer Forschung sind. Daß diese wissenschaftliche Arbeit aus dem Triebe des Glaubens entsprungen sei, dessen theuerster irdischer Besitz die Bibel ist, wird sich schwerlich behaupten lassen. Aber sie hat in der evangelischen Theologie eine solche Macht gewonnen, weil sich das Glaubens- interesse evangelischer Christen mit ihr verbinden kann. Denn so- bald wir uns davon überzeugt haben, daß mit den Mitteln der Ge- schichtsforschung überhaupt etwas auszurichten ist, werden wir auch, je theurer uns die Bibel ist, wünschen müssen, daß diese Mittel bei

ihr gebraucht werden. Es kann dem Glauben nicht gleichgiltig sein,
ob das Beste gethan wird, um gerade auf diesem Gebiete das nach=
weisbar Wirkliche klar zu stellen. Auf jeden Fall würde evange=
lischer Glaube es nicht vertragen können, wenn er sich eingestehen
müßte, daß er um seinetwillen die Forschung nach der Wahrheit
aufhalte. Das will auf allen Seiten der evangelischen Theologie
niemand.

Aber der Aufschwung der historischen Forschung hat nun hier
ähnlich gewirkt, wie die gewaltige Entwicklung der Technik auf
sozialem Gebiete. Was in unserm Jahrhundert die Gesellschaft
durch die Siege der Industrie über die Naturkräfte gewinnt und
leidet, wiederfährt der Kirche durch die historische Forschung. Die
Mittel zum Leben werden unablässig gemehrt: aber das Lebendige
selbst, das genährt werden soll, hat an Kraft verloren und sieht sich
außer Stande, die neuen Verhältnisse zu beherrschen. Wie die In=
dustrie dem Staate über den Kopf gewachsen ist, so die historische
Forschung der systematischen Theologie. Der Glaube der Christen=
heit, dem die historische Forschung dienen sollte, sieht sich durch sie
in seinen Grundfesten bedroht. Die Bibel, deren Reichthümer er=
schlossen werden sollten, wird in dem Betriebe dieser Arbeit etwas
Anderes, als der Glaube an ihr zu haben meinte. Es ist daher
wohl zu verstehen, wenn sich bei ernsten Christen eine tiefe Ver=
stimmung gegen die Wissenschaft festsetzt, die den Boden, auf dem
die Kirche steht, rücksichtslos unterwühlt. Die Verstimmung wird
dadurch noch gemehrt, daß viele Arbeiter dieser Wissenschaft, ob=
gleich sie Theologen heißen, bei der Darlegung ihrer Ergebnisse
nichts davon verspüren lassen, daß ihnen die Noth des Glaubens zu
Herzen geht. Aber die Kraftlosigkeit müßte bei uns schon überhand
genommen haben, wenn wir diese Erscheinung als den Hauptschaden
anklagen wollten. Der Hauptschaden ist vielmehr das unvermeid=
liche Ergebnis der historischen Forschung, daß der Kirche, die sie
zuläßt, die Bibel nicht das bleiben kann, was sie nach katholischen
Grundsätzen ist, das Gesetzbuch religiöser Lehre.

Manchen scheint dieser Satz zu weit zu greifen. Er wird auch
dadurch erst richtig begrenzt und in seinem richtigen Sinn gesichert,
daß daneben beachtet wird, was trotzdem die h. Schrift der Kirche

bleibt. Sie behält in der Kirche die Herrschaft. Es wäre lange
nicht genug, wenn wir die Bibel nur als das unvergleichliche Erbauungsbuch würdigen wollten. Für einzelne Christen mag das
ausreichen, für eine Kirche, die Knochen hat und sich nicht in ein un-
dogmatisches Christentum auflösen will, reicht es nicht aus. Die
Bibel bleibt uns das Wort Gottes, weil sie uns den Grund des
Glaubens darreicht und uns den Glauben selbst in seiner Vollendung
zeigt. Aber trotzdem ist es nöthig, es unumwunden auszusprechen,
daß für keinen von uns die h. Schrift noch das Gesetzbuch religiöser
Lehre sein kann. Wer sie unter uns noch als solches gebraucht,
handelt gegen seine Ueberzeugung, wenn er sich dessen vielleicht auch
nicht bewußt ist.

An einzelne Ergebnisse der historischen Forschung brauchen
wir nicht zu erinnern. Das Entscheidende ist die Thatsache, daß sie
überhaupt auf die biblischen Bücher erstreckt wird. Denn sobald
das geschieht, wird an diesen Büchern etwas vorgenommen, was
gegenüber dem Gesetzbuch des Glaubens absolut unzulässig ist. Un-
antastbar und unerschütterlich muß das sein, dem der Gehorsam des
Glaubens gelten soll. Müßte ich mir daher sagen, daß dieser Gehorsam der h. Schrift gebühre, so würde ich gegen die historische
Forschung, die sich ihrer bemächtigen will, wie gegen den Teufel
kämpfen. Thut das die evangelische Kirche? Es giebt keine Gruppe
der evangelischen Theologie, die die Kraft und Entschlossenheit dazu
aufbrächte. Ob man sich in der Kritik möglichst konservativ oder
möglichst radikal verhält, trägt für die Hauptsache gar nichts aus.
Ein Gesetzbuch des Glaubens verträgt überhaupt keine Kritik, weder
an seinem Text, noch an seinem Inhalt. Es ist begreiflich, daß die
christliche Gemeinde in weiten Kreisen den möglichst konservativen
Kritikern besondere Gunst schenkt, weil sie von deren Arbeit den
Eindruck empfängt, daß sie im Grunde alles beim Alten lasse. Um-
somehr ist es die Pflicht solcher Kritiker die Gemeinde darüber auf-
zuklären, daß das ein Irrthum ist. Wenn die Wissenschaft überhaupt an die biblischen Bücher herantritt, so setzt sie hier, wie überall,
ihren Gegenstand in Bewegung. Eine Wissenschaft, die ihren Gegenstand so ließe, wie sie ihn empfing, die nicht die bisherigen Vorstellungen darüber berichtigte, wäre ihres Namens nicht werth, des-

halb muß eine Kirche, die mit dem Gehorsam des Glaubens Ernst machen soll, die Macht, der sie unbedingt gehorchen will, dem Um= bildungsprozeß der wissenschaftlichen Arbeit entrückt wissen. Der h. Schrift also, zu der die evangelische Kirche der Wissenschaft den Zugang verstattet, gehorcht diese Kirche nicht unbedingt.

Daß die Furcht vor der Gemeindeorthodoxie oder das Un= vermögen, zu prinzipieller Klarheit vorzudringen, diese Thatsache verschleiert, ist ein schweres Uebel. Wir klagen über die Macht= losigkeit der evangelischen Predigt gegenüber dem modernen Geistes= leben. Aber einige Schuld daran trägt doch auch die Kirche, die der Gemeinde gegenüber so thut, als ob der h. Schrift unbedingt ge= horcht werden müsse, aber nicht den Muth findet, der Theologie die historische Arbeit an den biblischen Büchern zu verbieten. Diese Halbheit bleibt nicht verborgen. Sie lähmt nicht nur die Thatkraft bei den amtlichen Vertretern der Kirche, sondern schwächt auch das Vertrauen zu ihrer Verkündigung. Die orthodoxe Inspirationslehre hatte den Zaun um die Bibel gemacht, der die wissenschaftliche Forschung ausschloß. Moderne Theologen, wie Dieckhoff, Frank, Luthardt verstehen es nun vortrefflich, den Widersinn dieser Lehre darzulegen. Aber „unsere Alten" haben doch wenigstens das Be= dürfniß der Kirche befriedigen wollen, die Autorität, der der Glaube unbedingt gehorchen soll, der Gemeinde als etwas Unantastbares zu zeigen. Die Modernen befriedigen dieses kirchliche Bedürfniß nicht. Denn Alles, was sie aus warmem Herzen über die Inspiration der h. Schrift sagen mögen, ist kirchlich wertlos, so lange es nicht zu der Schärfe der alten Lehre ausgeprägt ist und die Wissenschaft aus= schließt, die Text und Inhalt der biblischen Bücher zum historischen Problem macht. Aber daß die Kirche infolge dessen in einer sehr schwierigen Lage ist, fühlen sie auch.

Aus dieser Noth erklärt sich die eigenthümliche Anwendung, die Frank von der Methode Schleiermachers machte. Für jeden einzelnen soll das Erlebniß seiner eigenen Wiedergeburt die Quelle sein, aus der die in der Geschichte unter sehr komplicierten Verhältnissen entstandenen Dogmen emporsteigen. Ebenso soll dieses Erlebniß die alles tragende Autorität sein, die dann schließlich auch die Autorität von Schrift und Bekenntniß in gewissen Grenzen legi=

timire. Aber ganz abesehen von dem theologischen Recht dieses Ver=
fahrens [1]) wird sich Frank selbst nicht verbergen können, daß dem
Bedürfniß der Kirche auf solche Weise nicht gedient ist. Denn es
wird nicht viele Christen geben, die dem Bewußtsein von ihrer eigenen
Wiedergeburt eine solche Tragkraft zutrauen dürfen. Die Meisten
wissen sich vielmehr nur deshalb als wiedergeboren, weil sie sich von
einer objektiven Macht gehalten wissen, an der sich ihr verzagtes Herz
immer wieder aufrichten kann. Noch geringer wird, selbst unter den
Theologen, die Anzahl derer sein, die den schwierigen Weg verfolgen
können, auf welchem Franks System den Leser von dem Bewußt=
sein der Wiedergeburt zu den alten kirchlichen Positionen oder auch
zu einer Kritik derselben führen wollen. Das ganze Unternehmen
Franks ist historisch sehr wohl verständlich als der Versuch, die
Frage nach der Autorität, deren der um seine Existenz kämpfende
Glaube bedarf, zu beschwichtigen durch den Hinweis darauf, daß ja
der Glaube, wenn er überhaupt vorhanden ist, alles hat. Daß in
der Noth dieser Zeit ein solcher Versuch aufkam, ist verständlich, und
daß dadurch Manchen ein Gefühl der Sicherheit gegeben sein wird,
wollen wir nicht bezweifeln. Aber es läßt sich doch nicht verdecken,
daß die Kirche für den Glauben zu sorgen hat, der beständig um den
Besitz seiner Güter kämpft. Dieser Glaube fragt nach dem völlig
Gewissen, woran er sich schließlich zu halten hat, und nach der Au=
torität, die unbedingte Unterwerfung verlangt. Er weiß freilich von
sich selbst, daß er nicht aus menschlicher Erwägung und Ent=
schließung entspringt. Aber er tritt dennoch ins Leben als ein Akt
des Gehorsams, der die Autorität kennt, der er unbedingt gehorcht.
Wird daher dem Glauben die Autorität unklar, so wird er selbst
kraftlos. Darüber kann kein Zweifel bestehen. Es wäre aber ganz
vergeblich, wenn wir der Frank'schen Theologie eine runde klare

---

[1]) Daß eine solches Recht nicht besteht, ist von Gottschick (vergl. „Die
Kirchlichkeit der sog. kirchl. Theologie" S. 121—52) und von Kaftan (vergl.
„Die Wahrheit der christlichen Religion" 1888 S. 238—41) überzeugend
nachgewiesen. Der sonderbar hochfahrende Ton, mit welchem Frank auf
Gottschicks Kritik geantwortet hat, ist insofern nicht unerfreulich, als er
die Vermuthung nahe legt, daß Frank sich selbst in seiner Position nicht mehr
sicher fühlt.

Antwort darüber entnehmen wollten, worin der Glaube die unantastbare Norm seines Denkens finde. Wir sehen uns vielmehr
immer wieder darauf zurückgewiesen, daß der Glaube sich klar
werden müsse über das, was ihm eben mit seiner Existenz von Gott
gegeben sei. Aber diese Existenz ist ein fortwährendes Entstehen.
Und in diesem inneren Vorgang ist die Frage nach der Autorität
nicht zu umgehen. Durch den Hinweis auf die h. Schrift kann
Frank sie nicht erledigen, denn an dieser übt er Kritik. Die
h. Schrift kann er nur noch dazu benutzen, daß er an ihr die
Ergebnisse mißt, die er durch seine Forschungen über den Inhalt
seines gläubigen Bewußtseins gewonnen hat. Wer aber der Meinung ist, daß er der aus dem Glauben geborenen Gedanken sich
bemächtigt habe, mag sich noch so ernstlich vornehmen, seinen Ge-
winn an der h. Schrift zu normiren; unwillkürlich wird er sich doch
bei der Auswahl und Behandlung der Schriftstellen durch eben das
leiten lassen, was er angeblich einer höheren Instanz unterbreiten
wollte. Die h. Schrift ist dabei nicht der unbestechliche Richter,
sondern der gefällige Anwalt der Gedanken, die das gläubige Subjekt aus sich hervorgehen läßt. Gemildert wird dies Mißverhältniß
nur dadurch, daß Frank, indem er diese Gedanken ans Licht führt,
bereits die h. Schrift und das Bekenntniß vor Augen hat, womit sie
später übereinstimmen müssen. Bei diesem Verfahren, das es in
jedem einzelnen Falle zweifelhaft läßt, bei wem die letzte Entscheidung liege, ist es freilich nicht nötig, die h. Schrift mit den Prädi-
katen auszustatten, die ihre unantastbare Autorität außer Zweifel
stellen würden. Frank hat diese Prädikate aufgegeben, wie wir
alle. Aber er darf sich deshalb ebenso wenig wie wir der Frage
entziehen, wo die gläubige Gemeinde die Autorität finde, der der
Gehorsam ihres Glaubens gilt.

Die evangelische Theologie hat die historische Forschung in sich
aufgenommen und sieht sich nun durch sie ihrer bisherigen Grundlage beraubt. Diese Beunruhigung kann jedoch für die evangelische
Kirche ein Segen werden, wenn sie nämlich Kräfte des Glaubens in
uns aufruft. Die destruktiven Folgen der historischen Forschung
können aber auf den in der evangelischen Gemeinde vorhandenen
Glauben sehr verschieden wirken. Eines freilich wird sicher ein-

treten. Der Glaube wird es immer schmerzlich empfinden, wenn etwas, das mit seinem eigenen Leben verbunden war, zerstört wird. Es wäre daher seltsam, der evangelischen Gemeinde zuzumuthen, sie solle es gleichgiltig mit ansehen, wenn die Vorstellung, daß die h. Schrift das unantastbare Gesetzbuch religiöser Lehre sei, rettungs= los zerfällt. Denn diese Vorstellung hat dem Glauben von Genera= tionen evangelischer Christen einen Halt gegeben. Ihrem Unter= gange würden wir daher nur dann gleichmüthig zusehen können, wenn wir, was Andere davon gehabt haben und noch haben, nicht mehr nachempfinden könnten. Nach hundert Jahren wird vielleicht schon ein entwickelter historischer Sinn dazu gehören, um dieses Nachempfinden fertig zu bringen. Jetzt dagegen würde unser Glaube leblos sein, wenn es uns fehlte.

Es ist nur natürlich, wenn jener Schmerz in der Gemeinde den Wunsch erzeugt, es möge die wissenschaftliche Arbeit, die ihr Unruhe gemacht hat, abgewiesen werden. Wenn evangelische Christen sich zu einem solchen Widerstande aufraffen, so ist auch an dieser Kraftäußerung der Glaube betheiligt. Aber auf die Dauer ist diese Haltung bei uns nicht möglich. Denn unser Glaube hält es nun einmal mit der Wahrheit und deshalb auch mit der For= schung nach der Wahrheit. Es ist daher ganz aussichtslos, evan= gelische Christen dadurch schützen und beruhigen zu wollen, daß man ihnen einredet, mit der Bibel dürfe sich die historische Forschung nicht befassen. Denn dadurch wird etwas in sie eingeführt, was gegen den eigenen Trieb ihres Glaubens geht und durch dessen Kraft, wenn sie nicht erstickt wird, wieder ausgestoßen werden muß. Noch verwerflicher wäre es freilich, der Gemeinde vorzureden, daß die historische Forschung ohne Schaden zugelassen werden dürfe, weil sie, wenn nur richtig ausgeübt, die in der gläubigen Gemeinde ererbte Vorstellung von der Bibel nicht erschüttere. Solches Reden würde bei einem Theologen unserer Zeit kaum etwas anderes sein können als bewußte Unwahrheit, und würde auch von den Unge= lehrten bald als solche erkannt werden. Wenn solche Unterneh= mungen einen positiven Erfolg haben, so kann es nur der sein, daß der in der Gemeinde rege Glaube in den Katholicismus zurück= geführt wird. Dann werden freilich evangelische Christen beruhigt, aber um den Preis, daß sie im Wesentlichen katholisch gemacht werden. Denn ein Glaube, der sich gegen die Wahrheit verhärtet und den Kampf mit der Forschung nach der Wahrheit aufnimmt, ist katholischer Glaube. Er wird immer die Frucht des Strebens sein, die Bibel als das Gesetzbuch religiöser Lehre vor der historischen Forschung zu retten. Deshalb hat in den wilden Gewässern, die in dieser Krisis über die evangelische Kirche gehen, Rom seine Netze ausgespannt. Wir dürfen aber hoffen, daß die Fangzeit schon vorüber ist.

Neben jenem Trotz, der zu katholischem Glauben ausreifen muß, ist noch eine andere Kraftäußerung unseres Glaubens möglich. Er kann sich darauf besinnen und besinnt sich, Gott sei Dank, darauf, daß er jene Vorstellung von der Bibel als einem Gesetzbuch religiöser Lehre aus dem römischen Bereiche mitgebracht hat, in dem seine Wiege stand. Dann muß sich ihm die Frage aufdrängen, ob es seine Sache sei, für ein solches Palladium zu kämpfen, und zwar gegen das, was doch mit seinem eigenthümlichsten Triebe verwandt ist, gegen die Forschung nach der Wahrheit. Sowie aber unser Glaube sich diese Frage vornimmt, geht es bald weiter zu der Erkenntniß, daß jene ererbte Vorstellung überhaupt nicht zu evangelischem, sondern zu katholischem Glauben paßt. Dann lohnt es sich nicht, für sie zu kämpfen. Es muß vielmehr unser Glaube selbst sie mit fester Hand ausscheiden und das an ihre Stelle setzen, was längst im Stillen ihm als wahrer Halt gedient hat. Daß die Zeit dazu gekommen ist, ist mit Händen zu greifen. Denn solche Scenen der Rathlosigkeit und Verwirrung, wie sie die kirchlichen Versammlungen mit ihren Verhandlungen über die Inspirationslehre gezeigt haben, wird die evangelische Kirche nicht lange ertragen.

Das katholische Christenthum bedarf der Vorstellung, daß die Bibel das Gesetzbuch religiöser Lehre sei. Denn es legt der gehorsamen Unterwerfung unter schwer glaubliche Sätze einen verdienstlichen Werth bei und den von Gott stammenden Lehren selbst eine geheimnißvolle Erlösungskraft. Ob und in welchem Umfange dabei nöthig sei, daß man sich die Lehre zu persönlicher Ueberzeugung aneigne, wird absichtlich unklar gelassen. Denn das klare

Dringen auf persönliche Ueberzeugung muß nothwendig dazu führen, daß die Unantastbarkeit des Lehrgesetzes und die Gehorsamspflicht ins Schwanken kommt. Dagegen wird konsequent der Gedanke fortgesetzt, daß die Autorität des Lehrgesetzes sicher sein müße. Diesem Zwecke dient die Annahme einer autoritativen Uebersetzung und Ausgabe der hl. Schrift, schließlich eines unfehlbaren Aus= legers. Ohne diese Requisite läßt sich auch wirklich die Autorität des Lehrgesetzes schwer behaupten. Denn das wichtigste bei einer solchen Autorität ist doch, daß sie überhaupt praktisch anwendbar ist. Das wird ihr aber erst durch jene Mittel gesichert. Der Protestantismus hat eine solche Sicherung niemals in annähernd gleicher Weise erreicht. Vollends jetzt nach der Entkräftung der orthodoxen Inspirationslehre ist keine Spur mehr davon vorhanden. Aber der evangelische Glaube hat überhaupt von vornherein zu dem Lehrgesetz, das auch für ihn bestehen blieb, eine andere Stellung eingenommen als der katholische. Die gehorsame Anerkennung des Unverstandenen galt ihm nicht als verdienstlich. Für ihn bestand vielmehr die Forderung, daß die von Gott gegebene, durch die hl. Schrift dargereichte Lehre zu persönlicher Ueberzeugung angeeignet werde. Nicht in dem verdienstlichen Akte des Glaubens, sondern in dem zu persönlicher Ueberzeugung gewordenen Inhalt der Lehre sollte das Heil liegen. Aber dieses Dringen auf persön= liche Ueberzeugung hat auch von Anfang an die Autorität des Lehrgesetzes untergraben und hat unvermerkt an seine Stelle etwas Anderes geschoben, was in der That eine Zeit lang als der Aus= druck der persönlichen Ueberzeugung derer gelten konnte, die in den Reformationskirchen aufwuchsen, das kirchliche Bekenntniß. In diesem Hergang hat die Eigenart des evangelischen Glaubens den Zwang besiegt, der ihr durch das katholische Erbe angethan war. Für einen Glauben, der persönliche Ueberzeugung sein soll, ist es nämlich ein unerträglicher Zwang, wenn er irgend einem Lehr= gesetz unbedingt gehorchen soll. Will der Glaube nichts anderes sein als blinder Gehorsam, der gerade um so verdienstlicher sein soll, je fremder ihm der Inhalt des Lehrgesetzes ist; dann wird er allerdings nach einer möglichst praktischen und scharfen An= wendung dieses Gesetzes verlangen, wie dies jeder ernste katholische

Glaube thut. Ist dagegen der Glaube Gesinnung eines Menschen, der innerlich von der Wahrheit überwunden ist, so wird er nothwendig gleichgültig gegen ein Lehrgesetz, das ihn äußerlich binden will. Wohl wird gerade ein solcher Glaube in der hl. Schrift thatsächlich das Zeugniß eines Lebens finden, das unermeßlich reicher ist als das seine. Er wird deßhalb vor manchen biblischen Dingen, die ihm fremd geblieben sind, mit Ehrfurcht stehen bleiben; aber folgen kann er nur dem, was ihn innerlich überwindet. Auch in dem Zeitalter der Orthodoxie war die Regung des Glaubens nicht in dem dogmatischen Verfahren, das dem Gehorsam Folge geben sollte, sondern in der Freude an dem durch Gott befreiten Leben, das die hl. Schrift dem Glauben zeigt.

Aber der evangelische Glaube, der sich in solcher Weise von Anfang an der äußerlich bindenden Autorität erwehrt hat, kann der Autorität ebensowenig entbehren, wie der katholische Glaube. Denn wie dieser will auch er Gehorsam sein. Dann entsteht aber die Frage, wie das möglich sein soll, bei einem Glauben, der persönliche Ueberzeugung oder Gesinnung ist. Der unbedingte Gehorsam gegen ein Gesetz religiöser Lehre verträgt sich mit der Eigenart eines solchen Glaubens nicht. Es scheint aber, als ob sich überhaupt kein anderer Gehorsam damit vertrüge, als der gegen das sittliche Gesetz. In diesem sieht jeder, der es überhaupt versteht, den Ausdruck seines eigenen Willens. Deshalb ist der sittliche Gehorsam immer mit der Ueberzeugung von der Nothwendigkeit des Gesetzes verbunden. Wenn also von dem religiösen Gehorsam das Gleiche gelten soll, so muß er, wie es scheint, eine besondere Form des sittlichen Gehorsams sein. Die Vorstellungen, denen er sich unterwirft, werden in persönlicher Ueberzeugung angeeignet werden können, wenn ihr Zusammenhang mit der sittlichen Forderung eingesehen werden kann. Derselbe Gehorsam, der dem sittlichen Gesetze gilt, erstreckt sich auf die Gedanken von Gott und der göttlichen Weltordnung, wenn es einleuchtet, daß nur unter der Voraussetzung der Wahrheit dieser Gedanken das Gute wirklich werden kann. Dann ruht die Religion auf der sittlichen Gesinnung; der religiöse Gehorsam ist die volle Bethätigung des sittlichen. Das ist der Gedanke der Aufklärung, die in Kant und Fichte gipfelt. Denselben Weg schlägt noch immer der Idealismus der Jugend ein; und daß auch reife Männer, die sich zur Kirche freundlich stellen, noch immer in solchen Gedanken den eigentlichen Kern des Christenthums finden, davon haben uns Moltke's Trostgedanken vor Kurzem ein merkwürdiges Beispiel gegeben. Schon aus diesem Grunde wäre es falsch, wenn wir es kurzweg als Irrthum bei Seite werfen wollten. Dieser Weg ist für viele unter uns ein unentbehrlicher Durchgang zu christlichem Glauben. Die moralische Begründung der Religion ist aber auch deßhalb von großem Interesse, weil sich in ihr die Macht des christlichen Glaubens ebenso zeigt, wie die erfolgreiche Erziehung des religiösen Denkens durch die Orthodoxie.

Es ist doch wahr, daß wir Gott nicht haben können, ohne seinem Gesetz zu gehorchen. Es ist doch wahrlich eine Erkenntniß christlichen Glaubens, daß der Mensch, je aufrichtiger sein Gewissenserust ist, um so rathloser werden wird, wenn er ohne Gott in der Welt ist. Wir Christen erleben es auch, daß die muthige Ueberzeugung von der Wahrheit dessen, was über alle Vernunft geht, an die klare Erkenntniß geknüpft ist, daß allein das sittlich Gute uns ein Jenseits im Ewigen eröffnet. Nur die, die da hungert und dürstet nach der Gerechtigkeit, sollen satt werden. Das alles erklingt mit, wenn die großen Aufklärer von der Religion reden. Davon sind auch ihre Epigonen ergriffen, wenn sie aufrichtig sind. Es kann aber leicht sein, daß ein Mensch, den diese Gedanken gefesselt haben, durch sie zu dem lebendigen Gott gezogen wird. Auf jeden Fall hat er an ihnen selbst etwas lebendiges, während ein anderer, der in dem katholischen Gehorsam aus der hl. Schrift viel reichere Schätze religiöser Erkenntniß entnimmt, daran allein doch nur eine todte Last hat.

Aber ebenso deutlich ist bei dieser moralischen Begründung der Religion durch die Aufklärer, daß sie sich, was das Verständniß der Religion betrifft, doch schließlich in demselben Geleise bewegt, wie die Orthodoxie, gegen die sie sich richtet. Denn auf beiden Seiten liegt der Irrthum vor, daß der Erwerb allgemeiner Gedanken von Gott, die man als wahr erkennt oder als wahr annimmt, die Religion herstelle. Daß man alsdann auf diese

Gedanken sein Vertrauen setzen müsse, wird bei beiden Richtungen
als selbstverständlich angenommen, bessert aber an dem zu Grunde
liegenden Irrthum gar nichts. Dieser Irrthum tritt vielmehr
gerade darin zu Tage, daß man das Vertrauen auf solche Ge=
danken für möglich hält. Unsere Gegner sollten doch nicht meinen,
daß sie uns widerlegen, wenn sie auf die bekannte Thatsache weisen,
daß in der üblichen Lehre der evangelischen Orthodoxie an den
assensus die fiducia geknüpft wird. Gerade auf diese Thatsache
berufen wir uns. Bei der Religion des sittlichen Idealismus
haben die Gedanken, auf die sie sich verlassen will, insofern die
Art des evangelischen Glaubens, als sie die Lebensformen persön=
licher Ueberzeugung sind. Bei einer Religion, die sich nach der
orthodoxen Vorschrift wirklich auf der Grundlage eines katholischen
Gehorsams gegen die Bibel aufbaut, werden die Gedanken über
Gott sich vielfach mit dem Inhalt evangelischen Glaubens decken.
Gemeinsam aber ist beiden Richtungen, daß der Werth der religiösen
Gedanken für die Religion überschätzt wird. Gewiß kommt ohne
sie Religion nicht zu Stande. Aber daß ihr Haften im Gemüth
die Religion begründe, ist nicht wahr. Es ist hierfür gleichgültig,
ob die Gedanken von Gott und göttlichen Dingen im Gewissen
wurzeln oder durch den Gehorsam gegen die Autorität des Lehr=
gesetzes festgehalten werden. Auf jeden Fall ist man dadurch
noch nicht fromm, daß man sich auf die eine oder die andere
Weise solcher Gedanken bemächtigt. Sondern fromm ist nur der
Mensch, der durch die Offenbarung Gottes zu einem Verkehr mit
Gott erhoben ist, der also aus der Offenbarung merkt, daß sich
Gott um ihn kümmert und aus ihr den Muth schöpft, bei Gott
die Theilnahme zu suchen, die ihm Ruhe giebt. Nach dem Grund=
satz der Orthodoxie war die Offenbarung die hl. Schrift selbst,
die die religiösen Gedanken mit göttlicher Autorität darreicht. Nach
dem Grundsatz der Aufklärer war die Offenbarung die Vernunft
selbst, aus der die religiösen Gedanken hervorgehen. Aber für die
wirklich Frommen in beiden Richtungen ist doch die Offenbarung
nothwendig die Thatsache gewesen, an der ihnen das Eingreifen
Gottes in ihr eigenes Leben klar wurde, und die von da an ihr
Denken und Handeln bestimmte. Als solche Thatsache kann ein

Menſch auch das nennen, daß ihm die hl. Schrift zugeführt wurde
oder daß ihm die nach oben tragende Kraft der ſittlichen Gedanken
zum Bewußtſein kam. Von ſolchen Thatſachen kann er den Ein=
druck gewinnen, daß Gott ſich auch mit ihm befaßt, und damit
erſt hat er Religion. Dagegen eine Summe religiöſer Gedanken,
wie immer ſie gegeben ſein möge, Offenbarung zu nennen, iſt ein
Mißgriff, weil ſie ein Verhältniß des Einzelnen zu Gott ſelbſt
nicht herſtellt. Das kann ohne Zweifel nur eine Thatſache be=
wirken, die der Einzelne ſelbſt als ein entſcheidendes Ereigniß
erlebt hat. Daß dies allein, wodurch ſich der Menſch vor die
Wirklichkeit Gottes geſtellt weiß, Offenbarung zu heißen verdient,
darin dürften jetzt alle, die überhaupt auf die Frage eingehen und
nicht Rationaliſten ſein wollen, einig ſein.

Wenn dem nun ſo iſt, ſo können wir an dieſer Stelle von
einer weiteren Auseinanderſetzung mit dem Rationalismus abſehen.
Was gegen ihn zu ſagen iſt[1]), trifft auch den Standpunkt der
Orthodoxie. Denn die nach orthodoxer Vorſchrift der Bibel ent=
nommenen Gedanken gehören in dieſer Form ebenſowenig zu dem
wirklichen Leben der Religion wie die durch den rationaliſtiſchen
Beweis gewonnenen. Ueberdieß pflegt das Beſtreben, auf dem
Standpunkt der Orthodoxie zu perſönlicher Ueberzeugung zu ge=
langen, in Rationalismus zu endigen. Man ſucht dann vermittelſt
einer veralteten Philoſophie die Wirklichkeit Gottes und vermittelſt
hiſtoriſcher Beweiſe die Wirklichkeit der geſchichtlichen Grundlage
des Glaubens zu ſichern. Ein Glaube aber, der aus ſolchen
Gründen ſeine Kraft zieht, hat die eigenthümliche Art des chriſt=
lichen Glaubens abgelegt. Wenn man ihm auf den Grund ſieht,
ſo ſtößt man auf die Weisheit, die der Menſch aus ſich zu er=
zeugen vermag, nicht aber auf die Offenbarung, die den Menſchen
in einen neuen geiſtigen Bereich erhebt. Wir behaupten nun,
dieſe wunderbare Offenbarung ſei für den Chriſten die geſchichtliche
Erſcheinung Jeſu. Man ſollte meinen, für einen evangeliſchen
Chriſten müßte das ſelbſtverſtändlich ſein. Trotzdem ſind wir
darin nicht einig. Zum Theil liegt das daran, daß in dem Satze

---

[1]) Vergl. meine Schrift: „Warum bedarf unſer Glaube geſchichtlicher
Thatſachen?“ 2. Aufl. Halle 1892.

„der geschichtliche Christus der Grund unseres Glaubens" Unklar-
heiten liegen, die, wenn sie bestehen bleiben, einige von der Zu-
stimmung abhalten und andere verleiten, ihn in einem Sinne zu
nehmen, der im Grunde wieder auf die katholische Stellung mit all
ihrem Menschenwerk hinauskommt.

Jener Satz kann dahin verstanden werden, daß die Anschauung des geschichtlichen Christus das Mittel sei, um einen
Menschen der Befangenheit durch die Welt zu entreißen und ihn
dahin zu bringen, daß er Gottes inne wird. Dann ist der Satz
mißverständlich und leistet nicht, was er leisten soll. Erstens wirken
zu diesem Zwecke viele Mittel zusammen. Viele Christen werden
von sich bekennen müssen, daß damals, als sie zum Glauben erweckt wurden, es keineswegs eine klare Anschauung von der Person
Jesu war, was sie erneuerte. Es waren das vielmehr die viel-
gestaltigen Aeußerungen christlichen Lebens um sie her. Was einen
Menschen als Person heben kann, das ist lediglich der Einfluß
einer Person, die in irgend einer Beziehung sittlich reifer und
stärker ist, als er selbst und die sich liebevoll mit ihm befaßt.
Deßhalb sind den Personen, die den Zugang zu Gott gefunden
haben, die Schlüssel des Himmelreiches gegeben. Ohne die Anschauung davon, wie das Herz eines andern in der Furcht Gottes
fest und still wird, wird niemand gläubig werden. Das sollen wir
aber in der christlichen Gemeinde an Menschen unserer unmittel-
baren Umgebung anschauen, bevor wir im Stande sind, Jesus
Christus zu verstehen. Es ist daher wohl erklärlich, daß Manche,
gestützt auf solche Erfahrung, unsern Satz ablehnen. Aber ein
Mißverständniß ist es doch. Wenn wir Jesus Christus den
Grund unseres Glaubens nennen, so reden wir nicht davon wie
der Glaube entsteht, sondern wie er besteht. Wir verkennen nicht,
daß es eine Anfangsstufe des Glaubens giebt, bei der nicht die
Anschauung der Person Jesu selbst, sondern die Zeugnisse des
von ihm ausgegangenen Geistes den Menschen emportragen. Aber
Bestand kann ein solcher Glaube nur dann haben, wenn er schließlich
doch zu der Erkenntniß kommt, daß der unzerstörbare Grund
seiner Zuversicht die Wirklichkeit der Person Jesu ist. Denn für
jeden zum Glauben erweckten kommt, auch abgesehen von schweren

Uebertretungen, durch die Vertiefung des inneren Lebens die An=
fechtung, wo er erfahren muß, daß die Menschen, die ihm bisher
geholfen hatten, ihm keinen Halt mehr geben können. Wenn er
sich dann in der Welt verlassen fühlt, so kann die Thatsache, daß
Jesus Christus in derselben Welt wirklich ist, die Sünde in ihm
entkräften und die Muthlosigkeit überwinden. So wird ihm als
der wahre Grund des selbständig werdenden, in der Anfechtung
sich bewährenden Glaubens Jesus Christus klar. Bei aller Dank=
barkeit gegen die Menschen, auf deren Hülfe wir angewiesen bleiben,
werden wir es dann doch empfinden, daß Christus uns von den
Menschen frei macht.

Zweitens soll zwar gewiß nicht geleugnet werden, daß die
Verkündigung von Christus das vornehmste Mittel der Gläubigen
ist, um andere für Gott zu gewinnen. Denn an dem, was der
Glaube von Christus zu sagen weiß, wird von andern das neue
Leben und die Kraft, die in ihm wirkt, empfunden. Eine solche
Verkündigung kann deshalb Glauben wecken, wie überhaupt nur
durch die zeugende Kraft der Persönlichkeit persönliches Leben
entstehen kann. Aber keineswegs tritt in ihr das, was dem er=
weckten Glauben zum letzten Halt seiner Gewißheit wird, klar zu
Tage. Nicht der geschichtliche Christus, in dem jeder einzelne den
letzten Grund seines Glaubens finden soll, wird verkündigt, sondern
Christus wie er Inhalt und Gegenstand des Glaubens ist. Wenn
die Verkündigung lediglich das, was den letzten Halt des Glaubens
bilden soll, darbieten wollte, so würde das den Eindruck machen,
als sollte der Glaube aus möglichst einfachen und unzweifelhaften
Elementen durch menschliche Kunst zusammengesetzt werden. Ein
solcher Versuch aber würde kein Leben wecken, sondern würde
vielmehr das vielleicht schon vorhandene Verständniß für die wunder=
bare Art des Glaubens zerstören. Christus soll so verkündigt
werden, wie er dem Glauben erscheint. Denn das, was er für
den Glauben wird, gehört mit zu dem Besitz, durch den Christi
Person sich die Menschen gewinnt. Es ist deßhalb von großem
Werth, der folgenden Aeußerung von Kähler[1]) zu begegnen, die

---

[1]) In der wichtigen Schrift „Der sogenannte historische Jesus und der
geschichtliche, biblische Christus". Leipzig 1892. Vergl. S. 29.

auf meine Ausführungen Bezug nimmt: „Wenn man neuerdings
lehrt, der christliche Glaube sei ein überwältigtwerden von Christo
in seinem an uns herantretenden Bilde, so scheint mir diese Bestimmung zutreffend, wenn es sich um den letzten entscheidenden
und zureichenden Beweggrund für Glauben und Gläubigkeit handelt.
Nur halte ich die Beschreibung nicht für zureichend, wenn sie auch
die Entstehung und Vermittelung dieses Glaubens umfassen soll;
und ich halte sie so lange für unbestimmt, als dieses Bild selbst
nicht klarer bezeichnet ist. Denn es ist nur eben das Bild des im
Glauben Erfaßten, es ist das aus und in Glauben gepredigte
Bild Christi, welches diese Wirkung ausübt; eben darum nie und
nirgend das Bild einer auffallenden Menschengestalt, sondern jenes
Bild, welches in sich und wäre es auch nur in erhobenem An-
spruche, ein Dogma, ein Glaubensbekenntniß trägt. Es bietet sich
nämlich als die Gestalt des Herrn, des Weltheilandes dar, des
Erlösers von Schuld und Sünde, des offenbaren Gottes. Nicht
nur sachlich, nein ausdrücklich kommt dieses Bild an einen jeden
mit dem entweder-oder: Eckstein oder Fels des Aergernißes (1 Petri
2, 6. 7)". Diesen Worten stimme ich zu, auch in dem, was sie
an der ersten Auflage meines Buches „Der Verkehr des Christen
mit Gott" beanstanden, daß nämlich dort das Bild, in welchem
der Glaube den letzten Grund seiner Gewißheit erkennt, nicht klar
genug bezeichnet sei. Ich hoffe, daß Kähler diesen Fehler in der
zweiten Auflage beseitigt finden wird. Dagegen glaube ich schon
bisher keinen Zweifel darüber gelassen zu haben, daß ich den
Unterschied zwischen dem Christus, der Grund des Glaubens ist,
und dem, der Inhalt des Glaubens und der Verkündigung ist,
beachte. Auch dieß, daß Christus als Grund des Glaubens einen
Anspruch in sich trage, der über alles Menschenmaß hinausgeht
und einfach wunderbar ist, habe ich natürlich selbst betont [1]). Richtig
ist, auch Kählers Bemerkung (a. a. O. S. 36), daß die neutestamentlichen Berichte von Christus durchaus den Charakter bekennender
Verkündigung tragen, und daß wir dessen grade bedürfen, um
von den besitzenden Brüdern auf die rechte Bahn gewiesen zu

---

[1]) Für beides kann ich mich auf meinen Aufsatz im „Beweis des Glaubens"
Jahrg. 1890 S. 81 ff. berufen.

werden, nicht aber zu dem Zweck, daß wir mit einem Opfer unsers
Urtheils uns ihren Versicherungen unterwerfen und für diese
Leistung erwarten, nun auch zu erleben, was sie aussagen. Die
letztere Bemerkung Kählers hat mich besonders erfreut. Denn
sie zeigt mir, daß er auch empfindet, wie nöthig es ist, dies
denen einzuschärfen, die in unsern Tagen Christen sein wollen,
wenn man auch darauf gefaßt sein muß, wenig Dank dafür zu
ernten. Kähler hat nun in dieser Schrift keinen Anlaß gehabt,
weiter auf die auch von ihm anerkannte Unterscheidung einzugehen,
daß nämlich unterschieden werden müße, was sich für den Glauben
als sein letzter Halt herausstellt, und was als Inhalt des in
seiner Kraft stehenden Glaubens in der Verkündigung laut wird
und Glauben weckend auf andere wirkt. Um so mehr wollen wir
das thun. Denn daß es Gefahr bringt, wenn diese Unterscheidung
nicht streng durchgeführt wird, ist eben auch bei Kähler zu sehen.

Kähler sagt, die christliche Verkündigung solle als das
Zeugniß besitzender Brüder andere auf die rechte Bahn bringen.
Wenn sie das aber soll, so darf sie diese anderen nicht in den Wahn
verstricken, daß das Nachsprechen ihnen helfen könne. Das wird
aber unvermeidlich eintreten, wenn lediglich die hohen Dinge, die
der Glaube von Christus zu sagen weiß, auf die Menschen ein=
dringen. Es ist wahr, daß in dem Zeugniß der Jünger von
Christus die Erinnerung an das thatsächlich Geschehene mit dem
Glaubensbekenntniß so verbunden ist, daß der Historiker die
Scheidung von beidem kaum zu Stande bringen wird. Trotzdem
ist es nicht richtig, nun dieses so zusammengewobene Christusbild
des Neuen Testaments den geschichtlichen Christus zu nennen, wie
Kähler doch schließlich thut. Wie mir scheint, ist es dann nicht
möglich, daß sich der Glaube zu selbständiger Gewißheit durch=
ringt. Es wird freilich auch dann geschehen können, daß der
Gesammteindruck eines lebensvollen Zeugnisses den Hörer fortreißt
und ihn in dieselbe Vorstellungsweise und Stimmung versetzt.
Aber ich sehe nicht ein, wie dann der Irrthum abgewehrt werden
soll, der Mensch könne sich dadurch helfen, daß er sich mit einem
Opfer seines Urtheils den Versicherungen der Gläubigen unter=
wirft. Es ist durchaus richtig, daß immer nur das volle unbe=

fangene Zeugniß des Glaubens Glauben erwecken wird. Aber
ebenso richtig ist, daß in der Verkündigung das faßbar sein muß,
was den Glauben selbständig macht, indem es ihm als der un=
zerstörbare Halt seiner Gewißheit klar wird. Wird es uns ver=
wehrt oder wird es für unmöglich erklärt, dieß auszusondern,
was uns als der zweifellose Grund des Glaubens immer sichtbar
bleiben kann, dann wäre es freilich unvermeidlich, daß wir die
Ueberlieferungen und Lehren von Christus, die in der Form einer
lebensvollen Predigt Glauben in uns geweckt haben, nun auch
als Grund unseres Glaubens annehmen müßten. Es ist aber
eben nicht so, daß wir den Inhalt einer persönlichen Ueberzeugung,
die belebend auf uns gewirkt hat, nun auch uns selbst ganz und
gar anzueignen vermöchten.

Die Förderung, die uns dabei zu Theil wird, findet ganz
anders statt. Wir müßen von dem andern, der durch die un=
definierbare Macht des Geistes uns zu sich emporzieht, zugleich
die Richtung auf das empfangen, was seiner eigenen persönlichen
Ueberzeugung den sicheren Halt und die Selbständigkeit giebt.
Wird das bei der christlichen Verkündigung außer Acht gelaßen,
so kann uns die Anerkennung des Satzes, daß der geschichtliche
Christus der Grund unsers Glaubens sei, nicht davor schützen,
daß wir in katholisches Wesen gerathen. Dieser Gefahr scheint
mir in Kählers Ausführungen nicht vorgebeugt zu sein. Ich
entnehme aus ihnen ein Doppeltes. Erstens: Der im Glauben er=
faßte und aus Glauben verkündigte Christus ist es, der ein neues
Leben in uns entstehen läßt. Das ist richtig, sofern schließlich
alle Mittel, die innerhalb der christlichen Gemeinde zur Erneuerung
wirken, auf Christus zurückweisen und zu ihrer vollen Wirk=
samkeit erst gelangen, wenn sie zur Verkündigung des Glaubens
an ihn zusammengefaßt werden. Zweitens: eben dieser Christus,
wie ihn der Glaube in seiner Fülle schaut, der auferstandene und
erhöhte, ist der letzte Halt und Grund unseres Glaubens. Das
ist nicht richtig. Denn der um seine Existenz kämpfende Glaube
muß etwas haben, was ihm als etwas Wirkliches sichtbar bleibt
und ihn hält in den Momenten, wo er zum letzten greifen muß.
Diesen Dienst kann ihm Christus in dem Glanze der Herrlichkeit,

die der durch ihn erlöste Mensch sehen lernt, nicht leisten. Denn das als etwas Wirkliches sehen, heißt eben, in der Kraft des Glaubens stehen. Das ist Inhalt des Glaubens, aber nicht sein letzter Grund. Wenn wir es als solchen gebrauchen, so werden wir doch wieder dazu verleitet, etwas äußerlich anzunehmen, was uns innerlich fremd ist. Das ist aber katholischer Glaube, der schließlich doch nur bestehen kann, wenn ihn der Apparat der katholischen Kirche umgiebt. Ein Glaube, der dieses Apparates soll entrathen können, darf es sich nicht so leicht machen, wenn er nach seinem letzten Grunde fragt.

Wir sehen also, daß das, was der geschichtliche Christus allein dem Glauben leisten kann, überhaupt noch nicht erfaßt wird, wenn lediglich davon die Rede ist, wie der Glaube erweckt werde. Denn erstens kommen für diesen Zweck noch andere Mittel in Betracht als die Verkündigung der Person Christi; und zweitens gewährt uns der aus Glauben verkündigte Christus an sich das noch nicht, was uns allein der geschichtliche Christus gewähren kann, die klare Anschauung des letzten Grundes für den Glauben. Wir bedürfen aber dieser Anschauung, wenn unser Glaube die evangelische Art gewinnen, zur Gewißheit sich durchringen und in der Anfechtung überwinden soll.

Wenn wir nun dessen nicht entbehren können, so fragt sich, wie wir den geschichtlichen Christus, der der letzte Grund unsers Glaubens sein soll, erfassen. Mit großer Schärfe hat Kähler nachgewiesen, daß ein geschichtlicher Christus, der nicht in der neu=testamentlichen Verkündigung ergriffen, sondern hinter ihr gesucht wird, für den Glauben überhaupt nicht in Betracht kommen kann. Was nur für die Gelehrten vorhanden ist, was historisches Problem ist und mit vieler Mühe nur wahrscheinlich gemacht werden kann, hat nicht die Gewalt, den Glauben zu erwecken oder zu begründen. Dem ersteren Zweck dient die Verkündigung von Propheten, aber nicht die Arbeit von Historikern des Lebens Jesu und von Kritikern der Ueberlieferung. Dem zweiten Zweck kann offenbar nur das dienen, was einen Menschen, in dem ein ernstes Verlangen nach Gott erweckt ist, als etwas zweifellos Wirkliches packen kann. Den großen Werth, der jener historischen Arbeit trotzdem bleibt,

scheint mir Kähler freilich zu unterschätzen. Er hebt ihn wenigstens
nicht hervor. Es bleibt ihr erstens der Werth, daß sie, richtig
gebraucht, dem Glauben falsche Stützen hinwegnimmt. Sie thut
dieß, indem sie, wie Kähler ausführt, evident macht, daß die neu=
testamentliche Ueberlieferung das Leben Jesu ebenso verschleiert
wie offenbart und die Mittel zu einer wissenschaftlich gesicherten
Biographie Jesu nicht hergiebt. Wer also zur Sicherung seines
Glaubens einer solchen zu bedürfen meint oder auch auf die
historischen Beweise für einzelnes, wie die Thatsache der Auferweckung
Jesu, sich verläßt, den kann die historische Arbeit davon überführen,
daß er seinen Glauben dem erschlaffenden Einfluß von Gründen
überlassen hat, die nur bei der nachsichtigsten Schonung Bestand
behalten können. Das ist aber keine geringe Hilfe. Denn daran
kann sich alsdann die Erkenntniß anknüpfen, daß solche Gründe
in das innere Leben des Glaubens überhaupt nicht passen. Zwei=
tens kann die historische Arbeit doch auch zu Resultaten führen,
die der Glaube, der sich an der Ueberlieferung nährt, nicht un=
beachtet lassen kann. Es kann mir nicht gleichgiltig sein, wenn
eine verständige Kritik der Quellen mir nachweist, wo ein Wort
Jesu durch das Mißverstehen des Berichterstatters verdunkelt wird,
oder in welchem der parallelen Berichte die ursprünglichere Form
der Ueberlieferung zu erkennen ist. Es ist auch die Möglichkeit
nicht ausgeschlossen, daß solche Ergebnisse mit der Zeit zu der
Evidenz gelangen, die sie für die Gemeinde nutzbar macht. Aber
abgesehen davon, ist es allerdings richtig, daß die historische Arbeit
das Leben des Glaubens nicht berührt. Sie kann auf jeden Fall
das, was ihn erweckt und begründet, weder herstellen noch hin=
wegnehmen.

Es ist sehr dankenswerth, daß Kähler mit dieser Ausführung
den Uebergriffen der Geschichtsforschung entgegengetreten ist. Aber
es wäre sehr zu wünschen, daß alle, die ihn dafür loben werden,
daß er der Ueberschätzung der historischen Arbeit in der Theologie
steuert, sich auch vollständig klar machen möchten, was sich aus
der von ihm aufgedeckten Sachlage ergiebt. Ein hinter der neu=
testamentlichen Ueberlieferung hervorgeholter Christus kann den
Glauben nicht begründen. Aber der Christus, den diese Ueber=

lieferung selbst darbietet, kann doch nun auch nicht den Grund des Glaubens abgeben. Er ist Inhalt des Glaubensbekenntnisses und eben deßhalb ist er nicht das, worauf gegründet der Glaube zu einem solchen Bekenntniß erwachsen kann. Wenn uns das Recht dieser Sätze einleuchtet, so befinden wir uns offenbar in einer recht schwierigen Lage. Denn dann scheint uns nichts weiter übrig zu bleiben, als der Verzicht darauf, in geschichtlichen That-sachen das zu suchen, was in den Schwankungen unseres innern Lebens uns als Gottes Offenbarung tragen soll. Eine Frömmig-keit, die diesen Verzicht leistet, ist rationalistisch. Aber wir haben gesehen, daß alle wahrhaftige Frömmigkeit über den Rationalismus hinauswächst. Denn sie lebt nicht von allgemeinen Gedanken, deren Wahrheit uns einleuchtet, sondern immer von der Offen-barung, die als ein Ereigniß in das Leben des Einzelnen eingreift. Wir Christen aber wissen, daß diese Offenbarung durch das Zeug-niß des Glaubens von Christus an uns herankommt, und daß Christus selbst für jeden von uns die Offenbarung werden soll, die uns dessen gewiß macht, daß Gott lebt und sich unser an-nimmt.

Ist uns so der Weg des Rationalismus verschlossen, so müssen wir doch wieder sehen, wie wir Jesus Christus als die in der Geschichte wirkliche Thatsache erfassen können, die uns von Gottes Wirken an uns überzeugt, und die uns nicht wieder ent-rissen werden kann. Diese Thatsache darf nicht erst durch historische Kunst aus der neutestamentlichen Ueberlieferung erschlossen werden sollen. Sie muß vielmehr für Jeden, der in dem Verkehr mit frommen Menschen zu einem Verlangen nach Gott aufgewacht ist, in dieser Ueberlieferung selbst faßbar sein. Nur wenn das von der geschichtlichen Thatsache der Person Jesu gilt, hat sie für das Leben des Glaubens den Werth, den wir in ihr suchen. Nun wird aber im Neuen Testament Christus so verkündigt, wie er dem Glauben erscheint. Folglich kann uns diese Verkündigung, wenn wir uns ihr überlassen, allein nicht gegen den Zweifel schützen, daß wir unsern Glauben auf etwas gründen wollen, was vielleicht gar nicht geschichtliche Thatsache, sondern Erzeugniß des Glaubens ist.

Das Nächstliegende ist, diesem Zweifel in doppelter Weise zu begegnen. Wir können uns erstens sagen, daß der gewaltige Glaube, der aus dem neuen Testament zu uns redet, nicht danach aussieht, als ob er aus Illusionen entstanden sei. Er müße das Werk des übermächtigen Eindrucks sein, den die Person Jesu auf Menschen seiner Umgebung gemacht hatte, so daß diese Menschen genöthigt wurden, so über ihn zu denken, wie die neutestamentlichen Schriften bezeugen. Ich leugne gewiß nicht, daß es Momente geben kann, in denen uns diese Erwägung den Zweifel verscheucht. Jeder Christ wird das erleben, wenn er nur überhaupt in einem regen Verkehr mit der h. Schrift bleibt. Aber die theologische Frage ist damit doch nicht erledigt. In jedem Moment, der uns auf solche Weise von der geschichtlichen Thatsache der Person Jesu überzeugt werden läßet, sind wir innerlich erfaßt und gehoben durch das Glaubenszeugniß der Jünger. Wir erleben dabei, wie durch die Predigt der Glaube bei uns entsteht. Aber dieser Glaube, wenn er Bestand haben und zu voller Gewißheit kommen soll, bedarf dessen, daß er sich aus dem, was er erlebt hat, etwas aussondert, was ihm gegenwärtig bleibt, nicht nur in den Momenten religiöser Erhebung, sondern auch in tiefster Ermattung der Seele. Es fragt sich, ob und wie uns das möglich ist. Zweitens können wir uns sagen, das biblische Bild Jesu sei so lebenswahr und gerade in seinen verschiedenen Gestaltungen so übereinstimmend, daß es nicht erfunden werden konnte. So wird in der That jeder urtheilen, der die befreiende Kraft der Verkündigung von Christus an sich erfahren hat. Aber niemand wird behaupten wollen, daß mit jenem Urtheil alles gedeckt wird, was uns im neuen Testament als Wort, That und Erlebniß Jesu berichtet ist. Ueberdieß ist leicht zu sehen, weshalb auf diese Weise das, was uns zwingt, auf Christus als auf eine zweifellose geschichtliche Thatsache zu bauen, noch nicht ausgedrückt sein kann. Ein solches ästhetisches Urtheil mag wohl hinreichen, um uns die geschichtliche Wirklichkeit eines Menschen festzustellen, dessen Existenz keine entscheidende Bedeutung für die unsrige haben würde. So steht es aber mit dem Jesus des Neuen Testaments nicht. Denn das empfinden wir ohne Weiteres: wenn er in der Geschichte wirklich ist, dann ist er

allerdings für uns entweder der Eckstein oder der Fels des Aerger=
nisses. In eine Wirklichkeit, die das für uns bedeuten würde,
lassen wir uns durch kein ästhetisches Urtheil bannen. Also wenn
auch jene beiden Erwägungen in dem Denken des Glaubens ihre
Stelle haben, so sind sie es doch nicht, die den Glauben sicher auf
den letzten Grund seiner Gewißheit führen.

Wir können nur dann darauf geführt werden, wenn es uns
wirklich darum zu thun ist, durch Christus Gott zu finden. Steht
es so mit uns, daß es uns leicht und selbstverständlich zu sein
scheint, an Gott zu glauben, so wird ein aufrichtiges religiöses
Verlangen sich darauf richten, an zweifellosen Thatsachen die Ein=
wirkung Gottes zu erfahren. Ist dagegen der gewohnheitsmäßige
Glaube an Gott in seiner Haltlosigkeit erkannt, so wird es sich
bei dem Verlangen nach Gott genau um dieselben Erfahrungen
handeln: aber erst das Bewußtsein von solcher Erfahrung wird
man dann Glauben nennen. Ob man zu einem gewohnheitsmäßigen
Glauben an Gott disponiert ist oder nicht, hat also auf die Lage
des Menschen, in dem ein ernstes religiöses Bedürfniß erwacht ist,
keinen erheblichen Einfluß. Die Hauptsache bleibt in beiden
Fällen dieselbe. Das Verlangen nach Gott wird doch erst dadurch
gestillt, daß man an zweifellosen Thatsachen das Einwirken Gottes
auf die eigene Seele erlebt. Wer nun aufrichtig danach begehrt
und zugleich mit der sittlichen Erkenntniß, die Jesus Christus in
die Welt gebracht hat, belastet ist, der findet den Weg. Denn
ihm muß es klar werden, daß alles das, wodurch seine sittliche
Noth ihm Gott verbirgt, schließlich doch nur dadurch aufgewogen
wird, daß ihm die Person Jesu sichtbar wird. Der Glaube
an Gott wird zerrieben in dem innern Conflikt, der daraus ent=
steht, daß das sittliche Gesetz uns beansprucht, und doch, in seinem
wahren Sinne als Forderung der Liebe verstanden, über unsere
Kräfte geht. Aber der Glaube an Gott lebt in Siegeskraft auf,
wenn wir dann sehen, daß Christus uns zwar nicht das Gesetz,
wohl aber das vergebliche Bemühen, uns selbst zu Gott zu bringen,
abnimmt. Er thut das, indem er durch sein Dasein uns spüren
läßt, daß zu der Wirklichkeit, in der wir uns vorfinden und in

der wir oft nicht aus noch ein wissen, auch die Offenbarung Gottes
gehört, die uns rettet.

Aber wenn sich das mit uns ereignet, so nehmen wir unwillkürlich die Richtung auf dasjenige in Christus, was uns zwar
auch durch die Ueberlieferung dargeboten wird, aber uns doch von
der Ueberlieferung frei werden läßt, so daß wir alsdann sagen
können: wir haben es selbst gesehen und nicht nur von andern
vernommen, was der gewisse Grund unsers Glaubens ist. Wenn
wir nicht durch das Verlangen nach Gott zu Christus geführt
werden, dann können wir uns vielleicht einbilden, wir müßten uns
vornehmen, Berichte von Christus zu „glauben", die in Wahrheit
unsere Zweifel erregen. Suchen wir dagegen bei ihm den Weg
zum Vater, zu dem Gott, der uns mächtiger anfassen soll als
unsere Noth, und dessen Wirklichkeit gegen die Wirklichkeit der Welt
aufkommen soll, dann werden wir uns sicherlich nicht mit dem befassen, was wir nur mit Anstrengung und mit geheimen Zweifeln
festhalten, sondern mit dem, was uns unwidersprechlich wirklich ist.
Das ist aber an Jesus das, dessen Macht uns doch schließlich durch
alles, was das neue Testament von ihm berichtet, fühlbar gemacht
werden soll, sein inneres Leben.[1]) Das Bild des inneren Lebens Jesu,
das uns das Neue Testament darreicht, ist so beschaffen, daß es den
nach Gott verlangenden Menschen festhält, und ihn davon überzeugt, daß in ihm etwas geschichtlich Wirkliches wiedergegeben sei,
obgleich es aller sonstigen Erfahrung widerspricht, also im strengsten
Sinne wunderbar ist. Wunderbar ist es; denn es ist uns un-
faßlich, wie ein Mensch, ohne irrsinnig zu sein, sich so wie Jesus
in den Mittelpunkt der Geschichte stellen und an seine Person das
Schicksal der Menschheit knüpfen kann. Aber zu einem Zeugniß
des Wirklichen wird uns dieses Bild, weil es uns durch die An-
schaulichkeit seiner sittlichen Größe jede Möglichkeit einer Kritik
entreißt, und deshalb keinen Anhalt für die Meinung bietet, daß
es von Menschen unserer Art ersonnen sei, sondern uns zur tiefsten

---

[1]) Vergl. Kähler a. a. O. S. 34: „Was wir von ihnen empfangen, ist
eigentlich nur ein Charakterbild. Oder was sind die Erzählungen an sich und
was sind sie uns, als Beispiele, wie er zu handeln pflegte, wie er war, wie
er ist?" —

Ehrfurcht zwingt. Ich will nicht bezweifeln, daß sich viele in die christliche Weltanschauung eingewöhnen, weil sie von ihrer Wahr=heitsmacht ergriffen sind und weil sie durch eine geistig stärkere Umgebung in diese Richtung gedrängt werden. Auch das verkenne ich nicht, daß es für die Gestaltung der irdischen Verhältnisse wünschenswerth und für einen Christen wohlthuend ist, wenn das recht oft geschieht. Aber davon wird mich niemand überzeugen, daß ein so aus überlieferten Vorstellungen zusammengewobenes Christenthum mehr sei als ein Kleid, unter dessen Hülle der Mensch sich zwar als ein unanstößiges Mitglied der irdischen Kirchen=gemeinschaft bewegen kann, aber in seinem Innersten bleibt, was er war. Denn wir selbst kommen dadurch in keine andere Lage, daß uns die allgemeine Wahrheit religiöser Sätze einleuchtet. Da=gegen gewinnen wir das, was uns von der Welt abscheiden und über unser bisheriges Wesen erhalten kann, wenn uns ein=mal das Bild des inneren Lebens Jesu zu Herzen dringt, so, daß wir in Erfurcht bezwungen, seine geschichtliche Wirklichkeit empfinden und das Recht seiner übermenschlichen Ansprüche zugeben mußten. Wir glauben dann um Jesu willen an Gott und haben es dann ohne Weiteres vor Augen, daß Gott eben durch die Macht dieser geschichtlichen Größe alles niederlegt, was uns von ihm trennte, und uns zu sich heraufhebt. Mit der Erfahrung, daß Gott das an uns thut, beginnt das Reich Gottes im Herzen.

Also unter dem geschichtlichen Christus verstehen wir den Christus, den uns die neutestamentliche Ueberlieferung als eine in ihrer geschichtlichen Wirklichkeit uns überzeugende Person erkennen läßt. Aber wir meinen deshalb nicht, daß wir alles, was in der Ueberlieferung von Christus berichtet und gelehrt wird, zu=sammenfassen und dieses Bild den geschichtlichen Christus nennen dürfen. Denn darin ist Vieles enthalten, was keineswegs die Gewalt des unleugbar Wirklichen an jedem nach Gott suchenden und die Noth des Gewissens empfindenden Menschen ausüben kann. Wir verstehen aber unter dem geschichtlichen Christus auch nicht die Vorstellung von ihm, die eine historische Forschung er=reichen will, indem sie zu ermitteln sucht, welche wirklichen Vor=gänge der von ihr kritisierten Ueberlieferung zu Grunde liegen.

Denn der Ertrag einer solchen Forschung wird immer äußerst gering sein und bleibt problematisch. Für das Leben des Glaubens kommt er direkt nicht in Betracht. Wir suchen hier aber den ge= schichtlichen Christus, der für den Christen der unzerstörbare Grund seines Glaubens ist. Darunter verstehen wir die geschichtliche Wirklichkeit Jesu, die sich als solche dem Menschen allein auf= drängt, der, ratlos in seinem Verlangen nach Gott, sich hilfe= suchend an die Ueberlieferung wendet, aus der für andere das Leben gequollen ist, das er auch haben möchte. Ein solcher Mensch findet im Neuen Testament den geschichtlichen Christus als etwas völlig Gewisses und als den Erlöser, der ihn in die Gegenwart Gottes stellt.

Zunächst freilich drängt sich ihm etwas anderes auf, der Glaube der neutestamentlichen Zeugen, der sich in einer Fülle wunderbarer Vorstellungen bewegt. Es ist möglich, daß er sich von der er= schütternden Größe dieser Erscheinung gänzlich hinnehmen läßt, und im Gehorsam gegen sie sich vornimmt, sich fortan in den= selben Vorstellungen zu bewegen. Dann macht er die, die Diener sein wollen und sollen, zu Herren und wird dem nicht gehorsam, der allein sein Herr sein soll. Vor diesem falschen Gehorsam gegen Berichte und Lehren der Apostel werden wir bewahrt, wenn wir dem Gott, der uns gerufen hat, indem er das Verlangen nach ihm weckte, die Treue halten und nichts weiter suchen als ihn. Denn dann müssen wir sehen, daß nicht der Glaube der Apostel und nicht die Gedanken, die ihrem Glauben gegeben waren, uns das verschaffen können, worauf schließlich alles ankommt, die Gewißheit, daß Gott in einer Thatsache, die sich uns übermächtig aufdrängt, mit uns verkehrt, wie mit ihnen. Wer daran festhält, daß er das allein haben will, wird in dem Christus, den ihm das Neue Testament zeigt, das finden, was er sucht. Denn gerade dann, wenn er entschlossen alles bei Seite läßt, was ihm nicht als zweifel= lose Thatsache erscheint, muß ihm das übrig bleiben und in seiner Kraft und Bedeutung klar werden, was ihm kein Zweifel hin= wegschaffen kann. Das ist das Bild des innern Lebens Jesu, das trotz des wunderbaren Anspruchs, den dieser Jesus erhebt, sich als ein Zeugniß des geschichtlich Wirklichen an allen erweist, die sich

in Ehrfurcht vor ihm beugen müssen. Dies nennen wir den ge=
schichtlichen Christus. Nicht die historische Forschung findet ihn,
sondern der in der Geschichte nach dem ewigen Leben ringende
Mensch.

Hat aber ein solcher an der Thatsache des persönlichen Lebens
Jesu erlebt, daß sie ihn erlöst, weil sie ihm Gottes Eingreifen in
sein eigenes Leben unwidersprechlich gewiß macht, so hat er damit
zugleich die Autorität gefunden, der er sich unbedingt unterwerfen
muß und kann. Es giebt keinen rechtschaffenen Glauben ohne den
Gehorsam gegen eine über ihm stehende Macht, die ihm fort=
während Neues zu sagen hat, und der er sich zuversichtlich an=
vertraut, wo er sich selbst nicht zurechtfindet. Nur in solchem Ge=
horsam hat der Glaube die Kraft, den Menschen immer wieder
auf eine neue Lebensstufe zu heben. Dieser Gehorsam gebührt
Gott allein. Aber wir können ihn nur dem Gott erweisen, der
sich uns selbst offenbart, nicht einem Gott, von dem uns andere
berichten. Wir können uns wohl auch einem solchen Bericht ge=
fangen geben und ihn Offenbarung nennen. Das sieht dann wie
Glaubensgehorsam aus, ist aber im Vergleich mit ihm ein äußer=
liches Werk. Das Herz, das Gott haben will, ist dabei nicht be=
theiligt. Darin sind wir alle einig, daß die Offenbarung, in der
Gott an uns herantritt, für uns die höchste Autorität sein soll.
Aber sicherlich ist doch erst das für uns wirklich die Offenbarung
Gottes, was durch seine eigene Macht jeden Zweifel an Gottes
Wirken auf uns austilgt. Der Gott, der sich uns so offenbart,
setzt uns in die innere Verfassung, daß wir uns ihm von ganzem
Herzen unterwerfen können. Deshalb ist die höchste Autorität,
nach der sich unser inneres Leben richten soll, der geschichtliche
Christus. Denn er macht uns den auf uns wirkenden Gott
so offenbar, daß, wenn er uns nicht entschwindet, auch Gott uns
gegenwärtig bleibt. Dadurch wird er uns der Herr, dem wir ge=
horchen müssen. Der Gehorsam aber, den wir diesem Herrn
schuldig sind, erstreckt sich zunächst nicht auf irgend welche Satzungen
und Lehren, die von ihm ausgegangen sind, sondern auf seine
Person. Er selbst soll in uns herrschen. Wenn er uns Gott
offenbart, so sehen wir in seinem persönlichen Leben ein Abbild

des Lebens Gottes. Daraus ergiebt sich eine doppelte Pflicht des
Gehorsams gegen ihn, hinter der alles andere zurücktreten muß.
Wir sollen uns in jeder Lebenslage durch ihn zu Gott erheben
lassen und wir sollen gesinnt werden wie er, damit wir in unserer
besonderen Lage so handeln, wie er an unserer Stelle handeln
würde. Wenn wir das erstere thun, so lernen wir die Gedanken
von Gott und göttlichen Dingen in ihrer Wahrheit verstehen, in
denen sich die Jünger nach dem Zeugniß des Neuen Testaments
bewegen; wenn wir das zweite thun, so lernen wir die Gebote
Jesu in ihrer Nothwendigkeit verstehen und das Leben der Jünger
nach diesen Geboten.

So sieht es mit dem Bestande christlichen Lebens aus.
Seinen Grund findet es allein darin, daß dem nach Gott ver=
langenden Menschen der geschichtliche Christus eine unleugbare
Thatsache wird und ihn von Gottes Wirken auf ihn überführt.
Wenn es dem Christen auch später klar wird, daß sein Lebens=
grund schließlich nicht in der Zeit, sondern in der Ewigkeit liegt,
so wird er sich doch auf der Höhe dieses Bewußtseins nur
halten, wenn er immer wieder an die Thatsache anknüpft, durch
die Gott in der Zeit so an ihn herantritt, daß er ihm sichtbar
werden muß. Zur Entfaltung kommt das so begründete neue
Leben in dem Gehorsam gegen den Herrn. Wir unterwerfen uns
aber nur dann seiner Königsmacht, wenn wir uns durch ihn zu
Gott bringen, Gottes uns gewiß machen und in göttliches Leben
erheben lassen. Hierbei allein sind wir seiner Person selbst, nicht
irgend einer von ihm unterschiedenen Macht, unterworfen. Und
wenn es sich doch darum handelt, daß er unser Herr wird, —
kann denn eine Person eine gewaltigere Herrschaft über einen
Menschen gewinnen als darin, daß sie ihn zu dem Bewußtsein
seiner Verlorenheit bringt, ihn mit seiner Vergangenheit brechen
und in der Gemeinschaft mit Gott neuen Lebensmuth und neues
Leben finden läßt? Dem geschichtlichen Christus, der uns Gott
offenbart, gilt unser Gehorsam. Aber wenn wir so den Gehorsam
des Glaubens in der Bewältigung der Umstände und in der
Beugung unter unsere sittlichen Pflichten bethätigen, dann wird
uns auch klar, daß in diesem Glauben die Zuversicht liegt, der

Herr sei uns lebendig nahe und erwarte uns in dem Leben, daß wir insoweit verstehen, als wir gesinnt werden, wie er. Dann wird es uns, aber auch nicht eher, zur Gehorsamspflicht, der Er=höhung des geschichtlichen Christus zu gedenken, und in dem Ge=danken an den Erhöhten Trost und Erhebung zu suchen. Aber auch wenn unser Glaube sich zu dieser Höhe erhoben hat, wird es uns immer wieder nöthig, daß wir die Thatsache aufsuchen, die der noch nicht glaubende aber Gott suchende Mensch fassen und als die machtvolle Offenbarung Gottes erfahren kann, das persön=liche Leben Jesu oder den geschichtlichen Christus. Denn Gott ist uns niemals in der Weise wirklich und nahe, wie die Welt. Er läßt sich in jedem Moment nur finden, wenn wir ihn von ganzem Herzen suchen.

Ernstlichen Widerspruch kann dieser Nachweis der Bedeutung des geschichtlichen Christus nur bei den Christen finden, die ent=weder rationalistisch denken, oder in dem gewohnheitsmäßigen Glauben an Gott und in der gewohnheitsmäßigen Unterwerfung unter Autoritäten stehen, die ihnen innerlich fremd sind. Den ersteren können wir nachweisen, daß sie auf jeden Fall die Religion mißverstehen. Denn die Religion ist noch nicht wirklich in der Ueberzeugung, daß irgendwelche allgemeine Sätze wahr sind, sondern in dem Bewußtsein der wunderbaren Thatsache, daß Gott mit diesem bestimmten Menschen in Verkehr getreten ist. Im Uebrigen ist ihnen zu sagen, daß sie der einzigen Autorität, die es für solche Menschen geben darf, ihrem Gewissen getreulich folgen mögen. Sie werden dann schon, zumal wenn die sittlichen Ansprüche der christlichen Gemeinde sie beeinflussen, in die innere Noth gerathen, in der sie nach der Offenbarung Gottes und damit nach der wirk=lichen Religion verlangen werden. Den zweiten gegenüber bedarf es erst recht keiner theologischen Widerlegung. Sie erliegen bereits dem Gericht der von Gott geleiteten Geschichte. Der gewohnheits=mäßige Glaube an Gott und die gewohnheitsmäßige Beugung unter nicht persönliche, sachliche Autoritäten der Kirche kann nur da bestehen, wo die Kirche politisch herrscht. Die Kirchen der Gegenwart zehren in dieser Beziehung noch von dem Kapital, das während der Weltordnung des Mittelalters sich im Volksleben

angesammelt hatte. Aber die politische Herrschaft der Kirche ist
dahin, und dieses Kapital schwindet ersichtlich. Da werden die,
die wahrhaftig glauben, schon von selbst darauf kommen, die kraft=
los gewordenen Autoritäten fahren zu lassen, sich dagegen um so
entschlossener auf die wahren Autoritäten, auf das Gewissen und
den Erlöser des Gewissens, den geschichtlichen Christus zurück=
zuziehen.

Aber die Autorität der heiligen Schrift? Sie ist in dem
Sinne, daß sie vor allem andern feststehen soll und als letzter
Grund des Glaubens vorausgesetzt wird, in der evangelischen
Theologie grundsätzlich beseitigt [1]. Ob sie in diesem Sinne wieder
herzustellen sei, kann erst diskutiert werden, wenn eine theologische
Gruppe sich entschließt, die geschichtliche Forschung von der Bibel
fernzuhalten. Das ist bisher nicht der Fall. Dagegen hat für
den Glauben, der sich auf den geschichtlichen Christus gründet,
alles in der Bibel, was ihm dazu dient, ihm den geschichtlichen
Christus anschaulich und verständlich zu machen, den Werth eines
geheimnißvollen Gotteswortes, in dessen Tiefen es ihn zieht.
Darin, daß wir uns so zur Bibel stellen, kann uns keine historische
Forschung stören, wenn wir nur überhaupt gelernt haben, uns die
geschichtliche Wirklichkeit des persönlichen Lebens Jesu ohne die
Hülfe der Wissenschaft, aber mit den Mitteln des Gott suchenden
Geistes festzustellen, und in diesem „geschichtlichen Christus" Gott
gefunden haben.

Weniger gewichtig kommen mir die Einwürfe von Oppen=
rieder und Ewald vor (vergl. oben S. 232). Denn ich glaube
bei beiden zu bemerken, daß sie das, worauf es mir ankommt,
überhaupt noch nicht ins Auge gefaßt haben, nämlich die Unter=
scheidung dessen, was den Glauben begründet, von dem, was nur
der Glaube als etwas Wirkliches sehen kann. Ich will diese
Dinge, die unterschieden werden sollen, noch einmal nebeneinander=
stellen. Das, worin der Glaube seinen Grund soll finden können,
muß so beschaffen sein, daß es dem Menschen gegenwärtig bleiben
kann, auch wenn ihm sein Glaube im Zweifel schwindet. Grund

---

[1] Vergl. auch das Citat bei Kähler a. u. O. S. 27: „wir glauben nicht
an Christum um der Bibel willen, sondern an die Bibel um Christi willen."

des Glaubens können wir also nur das nennen, was dem Gott suchenden, aber noch nicht glaubenden Menschen als etwas Wirkliches entgegentreten kann und in seinem thatsächlichen Inhalt die wunderbare Macht hat, einen solchen Menschen davon zu überzeugen, daß Gott wirklich ist und auf ihn wirkt. Ich behaupte nun, daß dieß Doppelte allein von dem persönlichen Leben Jesu gilt; es gilt nicht von den Wundern, die nach dem biblischen Berichte Jesus gethan oder erfahren hat, sondern allein von dem im strengsten Sinne wunderbaren persönlichen Leben Jesu. Dieß allein hat die Macht, sich als geschichtlich wirklich zu erweisen und den Menschen, auf den es wirkt, vor Gott zu stellen. Der Glaube, der die höchste Erscheinung persönlichen Lebens ist, wird durch die geistige Macht von Personen erzeugt und trifft, wenn er auf seinen letzten Grund hingedrängt wird, auf das persönliche Leben Jesu. Er lebt ganz und gar von der Autorität, aber von einer persönlichen Autorität, die sich dem Menschen als etwas unleugbar Wirkliches aufdrängen muß. Diese Erfahrung macht der Gott suchende Mensch an dem persönlichen Leben Jesu. Durch seine Macht niedergeworfen werden, das ist Grund und Ziel für alles, was wir zum Leben oder zur Entstehung des Glaubens rechnen sollen. Anders verhält es sich mit dem Inhalt des Glaubens. Wenn der Glaube wirklich die Geburt zu einem neuen Leben ist, so muß das, was ihm offenbar wird, eine Wirklichkeit haben, von der der Nichtglaubende schlechterdings nichts sehen kann. Diesen Inhalt des Glaubens dem nichtglaubenden aber suchenden Menschen als Grund des Glaubens hinstellen, ist daher nicht nur eine lieblose Versündigung an einem solchen Menschen, sondern auch eine Profanation des Heiligen. Wohl ist es im gewissen Sinne richtig, daß Inhalt des Glaubens nur werden kann, was Glauben in uns begründet. Grund des Glaubens ist der geschichtliche Christus, indem er uns durch die Macht seines persönlichen Lebens Gottes Wirken auf uns erfahren läßt, Inhalt des Glaubens ist der in diesem Christus uns erscheinende Gott. Also ist in der That der Christus, dessen persönliches Leben wir vor Augen haben müssen, Grund und Inhalt des Glaubens. Aber der Gott suchende Mensch sieht in Christus

die wunderbare Thatsache seines in der Geschichte wirklichen persön=
lichen Lebens; der Glaubende, der Gott in ihm gefunden hat,
wird in Christus den ewigen Sohn des Vaters erkennen. Ueber
einer christlichen Verkündigung, die diesen Unterschied nicht beachtet,
kann auch die Gnade Gottes so walten, daß durch sie die Menschen
auf den Grund des Glaubens geführt werden, wenn nur überhaupt
das persönliche Leben des Glaubens in ihr ist. Aber wir werden
dadurch nicht von der Pflicht entbunden, das, was schlechterdings
nur Inhalt des Glaubens sein kann, als das Ziel hinzustellen,
nach dem wir immerfort uns emporringen müssen, indem wir der
erlösenden Macht des geschichtlichen Christus uns überlassen. Wäre
es nicht besser, bei der Vertretung des Christenthums den Menschen
zu sagen, darauf allein komme es an, daß sie in Christus das
finden, was ihnen als unleugbar wirklich einleuchtet und ihnen
doch den lebendigen Gott offenbaren kann, anstatt in ihnen die
Meinung zu erregen, sie müßten wunderbare Dinge an Christus
für wirklich halten, die sie nicht als etwas Wirkliches sehen können?

Ich habe es selbst verschuldet, daß Oppenrieder meine
Meinung nicht genau getroffen hat. Er bekämpft dieß, daß durch
meine Sätze die kirchliche Verkündigung beschränkt und verkürzt
werde. Ich hätte allerdings schon früher eindringlicher hervor=
heben sollen, daß jeder so von seinem Glauben Zeugniß geben
soll, wie er ihn hat, nach dem Maaße seines Glaubens. Nehmen
wir z. B. an, es stehe so mit einem Christen, daß ihm die Wunder,
die von Jesus berichtet werden (wenn auch nicht alle), Freude
machen, weil es ihm selbstverständlich ist, daß die von Gott be=
herrschte Welt an diesem Punkte der Geschichte Ereignisse geschehen
lassen mußte, wie sie sonst nicht zu geschehen pflegen. Mit mir
selbst verhält es sich so. Ich werde also in der Predigt unbe=
fangen von einem Wunder reden, weil mein Glaube mich davor
schützt, an dem Wunder Anstoß zu nehmen, im Gegentheil mich
in den Stand setzt, in dem Wunder eine Bestätigung dessen zu
finden, was ich glaube. Aber es wird mir doch gewiß nicht ein=
fallen, mir einzureden, daß die überzeugende Kraft dieser Wunder
meinen Glauben begründe. Denn ich weiß, daß mir diese Wunder
in ein ganz anderes Licht gerückt werden, wenn ich nicht in dem

Erlebniß stehe, daß Christus mich den Gott spüren läßt, der meine gegenwärtige Noth überwindet oder mein Hinleben in sündigem Wesen unterbricht. Vor allem werde ich mich vor der jammervollen Thorheit hüten, andern vorzureden, sie müßten diese Wunder als wirklich geschehen annehmen, damit sie danach in Christus den Erlöser finden. Die Aufgabe aller christlichen Unterweisung kann doch, das wird mein Herr Gegner auch sagen, nur die sein, zu Christus zu führen. Dazu dient der unbefangene Ausdruck des eigenen Glaubens. Aber einen wichtigen Dienst leistet dazu auch die Mahnung: der Glaube kann nicht euer eigenes Werk sein; wollet deshalb nichts für wirklich halten, was ihr nicht als wirklich seht. Durch solche Mahnung, die gar nicht einmal immer ausdrücklich laut zu werden braucht, aber auf jeden Fall in der ganzen Haltung der Verkündigung ausgeprägt sein muß, wird ein doppelter Dienst geleistet. Erstens wird dadurch der andere davor bewahrt, in dem Ausdruck des Glaubens oder in dem Schriftwort eine Satzung zu sehen, die er befolgen müßte, um sich zu helfen. Zweitens wird er dadurch darauf geleitet, in der Verkündigung das aufzusuchen, das ihr die belebende Kraft giebt und das ihm selbst als etwas unleugbar Wirkliches entgegentreten kann. Jeder muß das für sich selbst finden, nachdem er von dem Glaubenszeugniß eines Christen innerlich angefaßt ist. Niemand kann ihm das, was ihm Grund des Glaubens werden soll, aus der christlichen Verkündigung herausschälen und in festen Umrissen zeigen. Jeder muß in seiner Weise auf dem Grunde des Glaubenszeugnisses, das ihn ergriffen hat, den geschichtlichen Christus finden, der allein es zur Entscheidung bringen kann, ob es auch in ihm zu der neuen Geburt des Glaubens kommen soll, der seines unzerstörbaren Grundes sich bewußt ist. Wie ich für mich selbst in dem Glaubenszeugniß des Neuen Testaments den geschichtlichen Christus finde, den mir kein historischer Zweifel rauben kann, habe ich in den von Oppenrieder kritisierten Ausführungen zu zeigen versucht. Aber daß ich damit in Andern den Glauben, der sie erlöst, zu wecken vermöchte, bilde ich mir ebensowenig ein, wie ich selbst durch eine theologische Beweisführung zum Glauben gekommen bin. Es war also nicht nöthig, mir darauf gerichtete

Widerlegungen zu widmen. Vor Allem aber hätte Oppenrieder
nicht sagen sollen, was mir schließlich als Grund des Glaubens
übrig bleibe, sei die Ueberzeugung, „daß in Jesu der dem Willen
Gottes vollkommen entsprechende sittliche Mensch erschienen sei."
Ich habe immer gesagt, daß jeder, der die erlösende Macht der
Person Jesu erfährt, darin zweierlei unterscheiden wird: erstens
die sittliche Kraft und Güte, deren Unergründlichkeit man erfahren
und empfinden muß, zweitens den alles menschliche Maaß über=
steigenden Anspruch seines Messiasthums. Wer dies beides zu=
sammengefaßt sieht, nicht in einer theologischen Ausführung, son=
dern in dem Christus des Neuen Testaments, der kann nach meiner
Meinung hierin die Wirklichkeit erfassen, um deren willen er eine
feste Zuversicht zu Gott gewinnen kann. Wenn Oppenrieder
bestreitet, daß man dem hierin anschaulichen persönlichen Leben
Jesu, durch logische Nöthigung gezwungen, Vertrauen schenken
müsse, so ist das in der Ordnung. Das thue ich auch. Aber
wenn er bestreitet, daß durch diese Anschauung das Vertrauen zu
dem geschichtlichen Christus als die Wurzel des Glaubens ge=
schaffen werden könne, so muß sein Glaube seine Wurzel ent=
weder in seiner eigenen Entschließung haben, durch die er sich
vornimmt, einer Autorität zu folgen, die ihm innerlich fremd ist;
oder er wurzelt in einer Erfahrung, in der sich ihm etwas anderes
als das persönliche Leben Jesu als die Macht erwiesen hat, die
ihm seinen Gott offenbart. Ich nehme aber lieber an, daß er
sich selbst hierin mißversteht und daß er im letzten Grunde
deshalb glaubt, weil er von dem überwunden ist, was ihm Christus
vorgelebt hat und das Neue Testament an ihn heranbringt.

Schlimmer steht es mit den Ausführungen von Ewald.
Er ist zu einer ruhigen Erwägung der Sätze, die er bekämpfen
will, überhaupt nicht gekommen. Was ich beanstande, meint er
so formulieren zu können: „In Wahrheit sind doch nicht so sehr
die dogmatischen Formulierungen das, was unsere Gegner stört,
als vielmehr unser Festhalten an den Thatsachen. Daß wir über=
haupt, sei es in welcher Form auch immer, eine wesentliche Zu=
gehörigkeit Christi zu Gott, einen ewigen Hintergrund des mensch=
lichen Lebens Jesu, eine wirkliche persönliche Erhöhung und per=

fönliche Wiederkunft unferes Herrn ausfagen, das ift's, was man uns als unzuläffig vorwirft, das ift's, was die moderne Bildung verletzt" (vergl. a. a. O. S. 8). Ewald hat aber felbft bei mir gelefen, daß ich es nicht nur nicht table, wenn ein Chrift folche Dinge ausfagt, fondern daß ich mir einen chriftlichen Glauben, der nicht den Trieb hätte, zu der Gewißheit folcher Dinge empor= zuwachfen, überhaupt nicht vorftellen kann. Es ftört mich nicht, fondern freut mich, wenn ein Chrift daran fefthält. Denn, wenn ich zu einem Chriften das Vertrauen haben kann, daß ein folches Be= kenntniß bei ihm wirklich aus feinem Glauben ftammt und nicht aus der Vorlage eines Lehrgefetzes abgelefen ift, fo werde ich daran eine befondere Reife feines inneren Lebens bemerken und mir vielleicht fagen müffen, daß er viel beffer mit feinem Pfunde gewuchert habe, als ich. Aber das ftört mich, wenn ein evangelifcher Theolog das „Fefthalten an den Thatfachen" als etwas behandelt, was lediglich aus einer edlen Entfchließung entfpringen könne, und die Frage, wie denn einem wahrhaftigen Menfchen folche Dinge That= fachen werden können, von fich abgleiten läßt. Das verletzt nicht meine „moderne Bildung", aber es könnte vielleicht mich als Theologen verletzen, wenn ein Mann meiner Zunft in einem Vor= trag vor Theologen feine Aufgabe damit für erledigt hält, daß er ein volltönendes Bekenntniß hören läßt, während feine Aufgabe wäre, eine rechtfchaffene Auskunft darüber zu geben, wie er zu folchem Bekenntniß kommt. Davon abgefehen, find mir Ewalds Ausführungen fehr willkommen. Denn fie machen die Fehler deutlich, die ich befeitigt fehen möchte.

Er fühlt fich ftark in dem Fefthalten an Thatfachen, die andere berichten oder die für den Glauben anderer feftgeftanden haben. Daß ihm die Möglichkeit, in diefen Thatfachen zu leben, Kraft giebt, bezweifle ich gewiß nicht. Aber daß er in ihnen leben kann, hat doch nicht darin feinen Grund, daß andere es gekonnt haben. Wie bei jenen, fo muß auch bei ihm ein Ereigniß, das er felbft erlebt, die Kraft haben, ihn in den neuen Stand chriftlichen Lebens und Denkens zu erheben, indem es ihm als die Offenbarung Gottes an ihn felbft klar wird. Haben wir Recht mit der Ueberzeugung, daß Chriftus uns erlöft, fo muß die ge=

schichtliche Wirklichkeit Jesu für jeden von uns dieß Ereigniß
werden können. Dazu den Weg zu weisen, ist die wichtigste Aufgabe der Theologie. Diese Aufgabe anzuerkennen, ist aber Ewald,
wie viele andere, deshalb außer Stande, weil er meint, den Erlöser
könnten wir nur dann in Christus finden, wenn wir zuvor wüßten,
daß er der Sohn Gottes sei. So wenigstens meine ich den Satz
verstehen zu sollen: „Nicht daß einmal einer gelebt, der uns
Gottes Liebe darstellt, macht dieses Leben zum religiösen Wert
ohne Gleichen, sondern daß Er es war, Gott von Gott und doch
unser Bruder geworden, das macht den absoluten Wert des Lebens-
werkes unseres Herrn und Meisters aus" (a. a. O. S. 12).
Vorher steht die Erklärung, an der Größe des religiösen Bedarfs
scheitere jede Herabminderung der Größe des religiösen Mittlers.
Wider die Thatsachen der Sünde und des Todes helfe allein die
Thatsache, welche die Kirche aller Zeiten als ihren Glaubensgrund
bekannt habe, daß Gott selbst für uns eingetreten sei in seinem
ewigen Sohne. Aber die Frage steigt diesem Theologen nicht
auf, wie denn dem Menschen, bevor er ein durch Christus erlöster
ist, das eine Thatsache sein könne, daß Gott in seinem ewigen
Sohne für uns eingetreten sei. Er thut so, als sei es selbstverständlich, daß wir, um erlöst zu werden, dieß als eine Thatsache annehmen. Es liegt aber auf der Hand, daß das, was der
unerlöste Mensch sich unter Gott und Menschwerdung Gottes denken
mag, den Sinn, den diese Worte für den erlösten Christen haben,
gar nicht erreicht. Dann sollte also die Erlösung des Christen
so vor sich gehen, daß er sich vornimmt, etwas als Thatsache
anzusehen, was für ihn nicht Thatsache ist, und sich Gedanken
überläßt, die himmelweit verschieden sind von den Gedanken,
die Gott seinen Erlösten ins Herz giebt. Diese ganze Vorstellungsweise ist so absolut gedankenlos, daß sie sich nur da halten
kann, wo die Reflexion noch nicht dazu entwickelt ist, den wahren
Grund des eigenen Christenglaubens sich klar zu machen. Ja
gewiß kommt gegen die Thatsachen der Sünde und des Todes
nur eine Thatsache auf, die mich ganz und gar hinnimmt und
der Befangenheit durch jene Mächte enthebt. Das kann nur eine
Thatsache an mir bewirken, die ich selbst erlebe, nicht aber eine

Belehrung über das, was andere zu sehen meinten. Es wäre
den Menschen, denen Christus das Gewissen geschärft hat, nicht
zu helfen, wenn nicht die geschichtliche Wirklichkeit seines persön=
lichen Lebens sie packen und sie davon überzeugen könnte, daß
Gott eben in diesem Faktum sich ihnen selbst als der lebendige
und auf sie wirkende bezeugt. Es ist aber noch ein anderer tiefer
liegender Grund, durch den Ewald abgehalten wird, sich die
wichtigste Frage der christlichen Theologie zu stellen. Er sieht
darin, daß einem Menschen sich Gott offenbart, noch nichts be=
sonderes und großes. Er hält es wohl für möglich, daß uns
durch die Sünderliebe des „geschichtlichen Christus“ eine „Ver=
gegenwärtigung Gottes“ zu Theil werde. Aber nach seiner Meinung
können wir daraus immer nur entnehmen, „wie Gott lieben kann,
wenn er will! Aber mehr sehen wir nicht. Und dieß hilft uns
nichts.“ Allerdings, dieß hilft uns nichts. Wenn mich die Er=
scheinung Jesu nur die Wahrheit des allgemeinen Satzes erkennen
läßt, daß Gott lieben kann, so ist mir damit nicht geholfen. Die
Einbildung, daß man mit der Befestigung dieser Wahrheit im
Gemüthe die erlösende Kraft des Glaubens habe, zerrinnt, wie
Ewald richtig ausführt, sobald es darauf ankommt, in der Noth
des Lebens zu erfahren, daß der Glaube rettet. Daß Ewald sich
gegen uns wendet, wenn er meint, daß wir unter der Offenbarung
auch nichts weiter verstehen, als die Befestigung einer solchen
Wahrheit, auf die man in ruhigen Zeiten mit Befriedigung blicken
kann, das billige ich durchaus. Aber ich darf mich darüber wun=
dern, daß er uns so verstanden hat. Von mir selbst liegen zwei
Schriften vor, die allein den Zweck haben, zu zeigen, daß eine
Offenbarung, die dem Menschen nichts weiter bieten würde, das
Leben der Religion nicht begründen kann. Aber darauf, was
Ewald aus uns macht, kommt nicht viel an. Viel interessanter
ist mir, zu sehen, wie Ewald sich weiter hilft, nachdem er das
als Offenbarung oder „Vergegenwärtigung“ Gottes anerkannt
hat, was ich niemals dafür gelten lassen würde.

Indem er sich die Offenbarung so vorstellt, wie er thut
und auch bei uns voraussetzt, sagt er sich mit Recht, daß zu der
Offenbarung der Liebe Gottes noch etwas mehr und größeres

hinzukommen müsse, damit sich der Christ jetzt gerettet wissen
könne. Er sagt, die Offenbarung der Liebe Gottes überhaupt
werde dadurch überboten, daß Gott etwas gethan habe, worin
auch der größte Sünder sich geborgen fühlen könne. Gott habe
sich selbst für uns dahingegeben in seinem Sohne. Ich bestreite
nun rundweg, daß damit etwas Größeres ausgesagt ist, und daß
Ewald, indem sich auch dieß als etwas Unbestrittenes in ihm be-
festigt, damit weiter kommt, als mit der vermeintlichen Offenbarung der Liebe Gottes. Etwas Größeres ist gewiß nicht damit
ausgesagt. Denn ein Christ wenigstens wird unter der Liebe
Gottes gar nichts Anderes verstehen, als die Gesinnung, die sich
in der Herablassung Gottes selbst zu uns in Christus zeigt. Aber
auch Ewald, der etwas Größeres darin sieht, kommt dadurch
nicht weiter, daß ihm auch dieß als eine unbestreitbare Wahrheit
erscheint. Denn es erhebt sich auch hier dieselbe Schwierigkeit,
die er selbst gegenüber der vermeintlichen Offenbarung der Liebe
Gottes richtig hervorhebt. Der Mensch mag sich das, was Gott
in herablassender Liebe für die ganze Menschheit gethan hat, mit
voller Ueberzeugung noch so groß vorstellen, er wird dadurch allein
gegenüber dem Gewissen, das ihn richtet, und gegenüber der Noth,
die sein Lebensglück zertrümmert, nicht das Recht und nicht die
Kraft empfangen, sich selbst in die Menschheit mit einzuschließen,
deren sich Gott erbarmt. Im Gegentheil werden die Aengste,
die er in unleugbarer Erfahrung hat, ihm die allgemeine Wahrheit in Betreff der Selbsthingabe Gottes, die er in ruhigen Zeiten
sicher zu beseitigen meinte, wieder unsicher machen. Daß trotzdem
viele Christen auf die Weise, wie Ewald angiebt, zum Frieden
gekommen sind, leugnen wir durchaus nicht. Aber wenn ihnen
das gelungen ist, so hat dabei im Stillen noch etwas ganz anderes
mitgewirkt, als die allgemeine Wahrheit von der Selbsthingabe
Gottes für die Menschheit, die sie ohne Weiteres der Offenbarung
zu entnehmen meinten. Das ist die Erfahrung, daß ihnen aus
der Ueberlieferung das persönliche Leben Jesu als etwas geschichtlich Wirkliches entgegentritt, und daß seine Kraft sie zwingt, um
seinetwillen an Gott zu glauben.

Im Vergleich mit der Fülle religiöser Erkenntniß, die Ewald

ohne Weiteres der hl. Schrift zu entnehmen meint, sieht dieses
Erlebniß sehr dürftig aus. Aber es hat dennoch für das innere
Leben eine unvergleichlich höhere Bedeutung als ein solcher Erwerb.
Denn wer nicht für sich die Erfahrung gemacht hat, daß eine
Thatsache, die sich ihm als ein unvertilgbarer Bestandtheil seiner
eigenen Existenz aufdrängte, den Glauben in ihm weckte und ihm
zur Offenbarung Gottes an ihn selbst wurde, der ist außer Stande,
das, was er im Allgemeinen für wahr hält und zu „glauben"
meint, auf sich selbst zu beziehen, wenn es sich darum handelt,
daß seine Art, seine Schicksale aufzunehmen, und seine Gesinnung
dadurch umgewandelt werden soll. Wie sollte er das wohl, da
er an seiner eigenen Existenz noch nichts von Gottes Wirken auf
ihn bemerkt hat, das allem Zweifel gegenüber durch eine ihm
unentreißbare und durch ihren Inhalt übermächtige Thatsache be=
festigt wäre? Wo dieser Keim des Glaubens nicht vorhanden
ist, ist es ganz vergeblich, sich von Außen her einen Inhalt des
Glaubens aneignen zu wollen. Wenn man andern einredet, daß
sie dieß könnten und sollten, so führt man sie an der Lebensquelle
vorüber und verwandelt ihnen die Güter der Ueberlieferung, die
ihnen Brod werden könnten, in Steine. Hat dagegen ein Mensch
erfahren, daß er angesichts des persönlichen Lebens Jesu Gott
nicht leugnen kann, so ist der Keim des weltüberwindenden Glaubens
in ihm vorhanden. Dieses Widerfahrniß erleidet er. Es ist das
die Zeugung eines neuen persönlichen Lebens in ihm durch eine
Person, die ihn ganz und gar gefangen nimmt und ihn zu grenzen=
losem Vertrauen zwingt. Hat er das nicht erlitten, so ist er nicht
berufen, und es wird ihm dann wenig helfen, sich die Vorstellung
aneignen zu wollen, daß Christus der Sohn Gottes sei, ihm, der
weder von Jesus noch von Gott eine wirkliche Erkenntniß hat.
Hat er aber die messianische Macht Jesu an sich erfahren, daß
er sich durch ihn vor Gott gestellt sieht, so liegt es an ihm, ob
er weiter kommt. Wenn er bei dem, was er durch Jesus er=
litten hat, verweilt und es auf sein inneres Leben einwirken läßt,
wird er nothwendig darin die Kundgebung Gottes nicht nur an
die Menschheit sondern an ihn selbst sehen, oder die Offenbarung
Gottes, die ihn zum Verkehr mit Gott erhebt. Wer so in Christus

18*

das Faktum, daß Gott sich ihm selbst zuwendet, gefunden hat,
ist nunmehr, weil er mit Gott in einem Verkehr steht, den der
Erlöser begründet und sichert, für die Erkenntnisse erschlossen, die
in andern deßhalb gereist sind, weil sie auch durch Christus zu
Gott geführt waren. Diese Dinge kann er nun aufnehmen, weil
sie in dem Keim seines eigenen Glaubens vorgebildet sind. Er
wird dann, geleitet durch die h. Schrift und durch von ihr ge-
tragene Christen, dazu gelangen, daß er zu Christus reden kann,
wie zu Gott und daß er in dem Werke Christi, das in seinem Tode
vollendet und in dem letzten Mahle gedeutet ist, immer wieder
Vergebung seiner Sünden findet. Aber er muß nichts vorweg-
nehmen wollen, sondern warten bis es in ihm reift. Denn nicht
der zur Reise gediehene Besitz dieser Erkenntnisse ist die Hauptsache, so leicht das einem Christen so scheinen kann. Jene Erkenntnisse sind vielmehr da, wo sie wirklich vorhanden sind, die
in täglichem Kampf mit dem Leben errungene Auslegung und
Anwendung der einen Hauptsache, daß Gott sich einem bestimmten
Menschen durch die Kraft des persönlichen Lebens Jesu offenbart
hat. So werden die überlieferten Glaubensgedanken für den zu
Gott erhobenen und dadurch erlösten Menschen ein Mittel,
seine Erlösung zu vollenden. Dem Unerlösten dagegen helfen sie
nichts; denn es wird ihm nie gelingen, von der allgemeinen Wahrheit, die sie ausdrücken, eine Brücke zu seiner eigenen Existenz
zu schlagen. Wohl aber können sie ihm, wenn er sie sich aneignen will, dazu dienen, das Lügengewebe dichter zu machen, in
das ihn seine Sünde einspinnt.

Erlöst werden wir, wenn das persönliche Leben Jesu über
uns Macht gewinnt, nicht aber dadurch, daß wir uns der Autorität eines Lehrgesetzes fügen, das uns eine Lehre über Christus
darbietet. Ich zweifele nicht daran, daß diese Erkenntniß in den
Kirchen der Reformation den Sieg gewinnen wird. Denn hier
lebt immer noch der Gedanke, daß in dem Glauben selbst die Erlösung liegt. Aus dieser Wurzel aber kann ein neuer Trieb auf-
schießen. Denn alle, die jenen Gedanken hegen und ein inneres
Leben führen, stehen doch dicht vor der Einsicht, daß ein Glaube,
der aus dem Menschen ein neues Wesen machen soll, weder ge-

wohnheitsmäßige Meinung ſein kann, noch auch als ein Werk
menſchlicher Anſtrengung erlebt werden darf, ſondern als ein Werk
Gottes erlebt werden muß. Das gilt aber allein von dem Glauben,
der in ſeiner tiefſten Regung die ehrfurchtsvolle Beugung unter
die reale Macht des perſönlichen Lebens iſt, das wir in der Ueber=
lieferung des Neuen Teſtaments als das innere Leben Jeſu er=
faſſen können. Es iſt Gottes Wille geweſen, daß der Keim dieſes
Glaubens ſo lange Zeit unter der Felſendecke des geſetzlichen Ge=
horſams gegen das Schriftwort verborgen liegen ſollte. Jetzt aber
iſt dieſe Decke überall geborſten. Auch ein Mann wie Grau
ſieht ſich genöthigt, vor kirchlichen Verſammlungen daſſelbe zu
vertreten, was E. Haupt hierüber ſchlicht und klar ausgeführt hat.
Das ſieht vielen gefährlich aus, die mit Recht davon durchdrungen
ſind, daß der Glaube Gehorſam gegen die Autorität ſein ſoll.
Es wäre auch gefährlich, wenn nicht jetzt gerade an den Keim des
Glaubens die meſſianiſche Botſchaft Jeſu dringen könnte, daß er
ſelbſt der Erlöſer iſt, dem der Gehorſam gebührt, und daß kein
Geſetz Heilsmittel iſt, auch nicht die heilige Schrift, wenn ſie
zum Lehrgeſetz gemacht wird.

Die Lehre von der Auferstehung des Fleisches bis auf Tertullian.

Von
Lic. Dr. W. Haller,

Pfarrer in Waldmannshofen, Württemberg.

————

Nicht leicht hat sich eine Lehre der Kirche so schnell und zielbewußt entwickelt, wie die Lehre von der leiblichen Auferstehung. Dabei war eben diese Lehre von großem Einfluß auf Sitte und Leben der Christen. Von Anfang an schenkte ihr die Apologetik eine sehr lebhafte Aufmerksamkeit. Ja wir sind noch in der Lage, aus den noch vorhandenen, verhältnismäßig zahlreichen Schriften über diesen Lehrgegenstand eine nahezu vollständige, nach allen Seiten hin ausgedachte Polemik zusammenzutragen, welche Heiden und Häretiker gegen dieses eigentümlich-christliche Lehrstück betrieben. Dies ist um so interessanter, als wir hier einen Gedanken finden, der nicht auf Rechnung des eingedrungenen Hellenismus zu schreiben ist, nein, der im direktesten Widerspruch zu demselben in der christlichen Kirche sich festgesetzt hat. Nichtsdestoweniger hat der Glaube von der leiblichen Auferstehung seine Vorgeschichte außerhalb des Christentums. Vom palästinensisch-rabbinischen Judentum wurde er in die neue Religion verpflanzt und er entwickelte sich so gut, daß der Gnosticismus, die heidnische Polemik, ja sogar der Alexandrinismus eines Origenes ihm nichts anhaben konnten. Am Anfang des dritten Jahrhunderts war dieses Dogma fix und fertig. Die späteren Kirchenväter haben nichts Neues beizutragen gewußt, konnten's wohl auch nicht, nachdem die Apologeten und die altkatholischen Väter — und nicht wenige unter ihnen — so viel und so eingehend darüber geschrieben hatten, wie man es in solchem Umfang damals bei keinem andern Lehrstück antrifft. Ehe wir uns zu den Aussagen der Väter wenden, müssen wir zuvor die wichtigsten Daten aus dem Neuen Testament und der jüdischen Theologie uns vergegenwärtigen bezw. summarisch aufzeichnen, um hieran die übrige Untersuchung anzuknüpfen.

I. Die jüdische Theologie.

Was einmal die alexandrinisch=jüdische Theologie be= trifft, so wird uns sofort klar, daß hier nicht nur nichts von der Auferstehung des Leibes gelehrt wird, sondern auch), daß eine solche Lehre der ganzen hellenistischen Vorstellung von dem Leibe in's Gesicht geschlagen hätte. Um gleich mit Philo anzufangen, so ist nach diesem der Leib die thierische Seite am Menschen, die Quelle aller Übel, der Kerker, in welchen der aus Gott stammende Geist gebannt ist, der Leichnam, den die Seele mit sich herum= schleppt, der Sarg oder das Grab, aus welchem sie erst wieder zu wahrem Leben erwachen muß. Der Leib ist aus der Materie genommen. Die der Erde näherstehenden Seelen, von der Sinn= lichkeit der Materie angezogen, kamen in sterbliche Leiber. So gilt es, dieser Fessel baldmöglichst los zu werden. Man kann den Leib im andern Leben nicht brauchen. Denn er ist seiner Natur nach nichtig und vergänglich, heißt darum auch in der hl. Schrift Ephron d. h. Schutt (χοῦς) oder Sella d. h. Schatten (σκιά) oder in Gen. 38,17 Eir. „Dieser als der ἑρμάτινος be= deutet den Leib und sein Tod erinnert daran, daß der Leib etwas Totes und auf immer Gestorbenes ist (νεκρὸν καὶ τεθνηκὸς ἀεί). Überhaupt ist ein allmähliger Verfall der Leiblichkeit seit Adam wahrnehmbar, ganz so, wie die Eisenstäbchen nach dem Grade ihrer Entfernung vom Magnet an magnetischer Kraft abnehmen. Wahre und höchste Glückseligkeit genießt darum die Seele nur in einem leiblosen Zustande, in welchem sie sich auch zuvor d. h. vor dem Falle befunden hatte. Schon auf Erden geschieht in der Ekstase eine relative Befreiung von dem Leibe. Die völlige

Befreiung ist ein wesentliches Stück der jenseitigen Seligkeit. Sie wird aber nur denen zuteil, welche sich hienieden von der Sinn=lichkeit (αἴσθησις), die eben ihren Sitz im Leibe hat, fern zu halten wußten. Die anderen Seelen kommen nach dem Tode in andere Leiber.

Somit hatte es für Philo keinen Sinn, den Leib auferstehen zu lassen. Damit wäre sein ganzes System über den Haufen ge=worfen worden. Denn dieses zielte auf die gänzliche Vernichtung der Materie ab, derselben Materie, aus welcher der Leib geschaffen ist. Eine Auferstehung des Fleisches wäre also ein Unding nach Philo's Kosmologie, Anthropologie und Ethik [1]).

Auch in den andern alexandrinischen Schriften begnügen sich die Verfasser mit dem einfachen Glauben an die Unsterblichkeit der Seele. Der Leib kommt nach dem Verfasser der Sapientia überhaupt nicht für die Persönlichkeit in Betracht. Die Seele existiert schon vor ihrer Vereinigung mit dem Körper (8,19 f.). Dieser wird immer unter den Gesichtspunkt einer Last und eines Kerkers beurteilt (9,15). So hatte der Verfasser kein Interesse an der Wiederbelebung des toten Körpers [2]). Überhaupt ist der Untergang des Leibes kein Tod, jedenfalls nicht für die Frommen und Weisen (3,2 f., 4,7). Der Verlust der Gottebenbildlichkeit besteht nicht im leiblichen Tod, sondern in dem Tode der Seele (2,23 ff.) Auch der Verfasser des IV. Makk. kennt keine Auf=erstehung des Leibes. Eleazar und jene Mutter mit ihren sieben Söhnen stehen jetzt schon am göttlichen Thron und führen ein seliges Leben (17,18). Ebenso erfahren die Gottlosen sogleich nach dem Tode ewige Strafen (18,4. 9,9. 10,11). Und wenn sie Feuerqualen zu leiden haben (12,12 f.), so setzt das nicht eine Leiblichkeit voraus, sondern es sind ebenso bildliche Ausdrücke, als

---

[1]) Siehe die Nachweise bei Schürer, Geschichte des jüdischen Volkes II, 866 ff.

[2]) Nicht einmal einen Lichtleib braucht man bei Pseudo=Salomo anzu=nehmen. Daß 3,7 f., 4,20, 5,1 ff. nicht von dem Zustand nach dem Tode bezw. von der Auferstehung der Gerechten und Ungerechten handelt, siehe bei Gröbler, Die Ansichten über Unsterblichkeit und Auferstehung in der jüdischen Literatur der beiden letzten Jahrh. v. Chr., Stud. u. Krit. 1879. S. 690 f.

wenn es anderwärts heißt, daß Abraham, Isaak und Jakob die Frommen an ihren Busen aufnehmen (13,16)[3]). Dagegen scheint der Verfasser von II. Makk. trotz aller alexandrinischen Eigentümlichkeit in diesem Punkte dem Einflusse der palästinensischen Theologie nachgegeben zu haben. So sagt 7,11 der dritte der sieben Märtyrer, als er seine Glieder zu der bevorstehenden Tortur willig entgegenstreckt, er hoffe, daß er sie wieder von Gott erhalten werde (καὶ παρ᾽ αὐτοῦ ταῦτα πάλιν ἐλπίζω κομίσασθαι) und in 14,46 heißt es von dem jerusalemischen Presbyter Rhazis, der gegen seinen Leib wütete, um sich der heidnischen Gefangenschaft zu entziehen: καὶ ἐπικαλεσάμενος τὸν δεσπόζοντα τῆς ζωῆς καὶ τοῦ πνεύματος ταῦτα αὐτῷ πάλιν ἀποδοῦναι. So ist hier der Glaube angedeutet, daß Gott die Leiber der treuen Söhne Israels auferwecken wird, obwohl auch in den beiden genannten Stellen, weil sie doch vereinzelt in ihrer Art sind, eine bildliche Deutung (etwa in dem Sinn von Mt. 19,29) sehr gut möglich ist[1]). Im Übrigen gilt als Thatsache, daß der Alexandrinismus, sobald er sich einigermaßen treu blieb, seinem innersten Wesen und nach allen seinen Aufstellungen ein absoluter Gegner einer Lehre sein mußte, welche den der bösen Materie entstammenden und die Sinnlichkeit d. h. das Böse nährenden Leib nach dem Tode zu einem neuen Leben restituiren wollte.

Anders stand die Sache in der palästinensischen Theologie. Mit dem Zusammenbruch des jüdischen Staatswesens — und wahrscheinlich unter Berührung mit dem Parsismus, war die Notwendigkeit gegeben, eine Vergeltung zu statuiren, welche über das natürliche Dasein hinausreichte. Denn was sollte mit den Gerechten werden, welche mit Dahingabe irdischer Vorteile unerschütterlich treu sich zu Johva hielten, wenn mit dem Tode

---

[3]) Warum die beiden Stellen 13,14 und 18,17 nicht von der leiblichen Auferstehung zu verstehen sind, darüber siehe Gröbler a. a. O. S. 696 f. und Dähne, Geschichtliche Darstellung der jüdisch-alexandrinischen Religionsphilosophie II, S. 196.

[4]) Bildlich werden sie von Dähne a. a. O. II, 187 f. verstanden; für ihre Beziehung auf die leibliche Auferstehung Gröbler a. a. O. 680, Schultz, Alttestamentliche Theologie. 2. Aufl. S. 809.

ihr Schicksal endgiltig abgeschlossen ist? Wie ungerecht wäre das
Geschick der Gottlosen und Abtrünnigen, welche durch Verleugnung
des wahren Gottes allerlei Genüsse sich verschafft hatten, wenn
nach ihrem Tode der Verrat am väterlichen Glauben die verdiente
Bestrafung nicht fände? Die Antwort giebt das Danielbuch
(12,2. 3. 13) aus der Zeit des Antiochus Epiphanes: es lehrt
unzweideutig eine doppelte Auferstehung „zum ewigen Leben" und
„zum ewigen Abscheu", nicht für alle Völker, sondern zunächst nur
für die Angehörigen seines Volks. Hier lag der Ausgangspunkt
für die spätere Auferstehungslehre. Und da ist nun von Interesse,
daß im Buch Henoch der Zwischenzustand zwischen Tod und
Auferstehung als ein bewußtes Leben gedacht wird. Die Seelen,
die an den vier Orten der Scheol sich aufhalten, haben dort schon
das Gefühl der Seligkeit und der Verdammnis, flehen um Rache,
klagen wider ihre Verfolger u. dgl. So giebt es also ein persön-
lich-bewußtes Leben für die Seele, auch wenn sie nicht mehr im
Leibe ist. Warum dann noch eine Auferstehung des Leibes? Und
doch wird diese im Buche Henoch behauptet und zwar im engsten
Zusammenhang mit der messianischen Erwartung. Denn beim
Anbruch der messianischen Zeit werden zuerst die Tyrannen und
die Verfolger der Gerechten bestraft und vernichtet (90,17 ff.,
100,1 ff.). Die Gerechten und Heiligen werden inzwischen von
Engeln bewacht. Hierauf bricht auch über die verstorbenen Sünder
das letzte Gericht herein. Aber sie sind nicht leiblich anwesend bei
dem jüngsten Gericht. Nur ihre Seelen werden gefesselt und von
einem Ort an den andern gebracht (22,13, 103,8) [5]). Dagegen
erfahren die Gerechten aus Israel, als Angehörige des messianischen
Reichs die Auferstehung (91,10, 92,3). Auch nach den Psalmen
Salomo's werden nur die Gottesfürchtigen zum ewigen Leben
auferstehen (3,16). Nur in den jüngeren Theilen des Henoch
(51,1) wird eine allgemeine Auferstehung behauptet: „Und in jenen
Tagen wird die Erde ihr Anvertrautes zurückgeben und das
Totenreich wird zurückgeben sein Anvertrautes, welches es empfangen
hat und die Hölle wird wiedergeben, was sie schuldig ist." Und

---

[5]) Vgl. jedoch die Gebeine der verblendeten Schafe, welche nach 90,27
in der Gehenna brennen.

nach 61,5 werden nicht nur die in den Gräbern Befindlichen, sondern auch die, „welche in der Wüste umgekommen und welche von den Fischen des Meeres und von den Tieren gefressen sind", auferstehen. Dabei fragt es sich, ob Ausdrücke, wie von dem himmlischen Glanz auf den Angesichten der Gerechten (38,4. 39,7) und von ihrem engelgleichen Leben im Himmel (51,4) einen ver= klärten Leib, wie er im Neuen Testament beschrieben wird, andeuten. Über die Beschaffenheit des auferstandenen Leibes geben diese Art von Schriften soviel als gar keine Auskunft, obwohl sie sonst detaillirte Schilderungen über die Zustände im messianischen Reiche entwerfen.

Von größerer Bedeutung für die jüdische Religionsgeschichte als jene Pseudepigraphen sind die midrasischen und halachi= schen Schriften der Sopharim. Man könnte zwar einwenden: diese gehören nicht hierher, denn sie sind viel später niederge= schrieben als das Neue Testament. Gewiß! Aber bestand nicht ihre Eigenart in der peinlichen Wiedergabe von Lehraussagen, welche hunderte von Jahren früher durch die berühmten „Väter" aufgestellt waren und sich mit derselben Ängstlichkeit, wie man sie sonst nur Götterorakeln entgegenbrachte, von Generation zu Generation fortgeerbt hatten? In dieser alt=synagogalen Theologie gab es keinen Fortschritt, keine Entwickelung, sondern ewige Wiederholung. Was also um das Jahr 300 und 200 nieder= geschrieben war, das konnte man von Autorität zu Autorität drei und vier Jahrhunderte zurückdatieren. Somit können die Aussagen des Talmud über die Auferstehung ohne jeden Anachro= nismus zur Erklärung der christlichen Auferstehungslehre angezogen werden. Hier ist schon das Verhältnis von Leib und Seele bemerkenswert. Zwar gehört der Leib im Gegensatz zu der himmlischen Seele dem Bereiche des Irdischen und Verweslichen an. Nur mit Widerstreben ist die Seele in den irdischen Leib eingegangen. Dennoch besteht ein näheres Verhältnis zwischen Beiden. Dieses äußert sich besonders in dem Zustandekommen der Sünde. Der Leib wird als der von Staub Gebildete dem Dorfbewohner verglichen, welcher keine Kenntnis der Reichs= gesetze hat, die Seele aber, die von oben entstammte, dem Bürger

der Residenz, welcher die Reichsgesetze wohl kennt. Jener geht
frei aus, dieser wird bestraft. Oder aber ist es der Leib, der
blinde, die Seele der lahme Wächter, welche beide von Gott zur
Bewachung des Gartens bestellt sind. Der Blinde sieht die ver=
botenen Früchte und reitet auf dem Lahmen, um derselben habhaft
zu werden. Und Beide essen davon. So werden denn auch Beide
zusammen gerichtet. Mit dem Tode erfolgt die Trennung beider,
bei dem Gottlosen auf schmerzliche, bei dem Frommen auf schmerz=
lose Weise. Dort wird er durch den Todesengel, hier durch den
Kuß Gottes (נשיקה) vollzogen. Das geht aber nicht so rasch vor
sich. Noch empfindet der Leichnam den Wurm, der an ihm nagt;
noch eignet ihm ein Bewußtsein, nach Einigen, so lange, bis die
Bahrdecke den Sarg bedeckt, noch Andern, bis der Leib verwest
ist. Ja Berachoth 18b erzählt, wie Mädchen sich in der Neujahrs=
nacht im Grabe mit einander unterhielten. Schabbath 152b
berichtet ein Zwiegespräch zwischen Achai bar Josia, der todt im
Grabe lag und Bar Nachmann[6]). „So ergiebt sich, daß der
Zusammenhang der Seele mit dem Leibe, also diese irdische
Existenzweise in dem Bewußtsein des Judentums höher geschätzt
und darum fester gehalten wird, als die Hoffnung auf eine Ver=
einigung der Seele mit Gott. Selbst die Seelen der Gerechten
scheiden nur allmählig ganz vom Leibe, die Seelen der Anderen
suchen ihn immer wieder"[7]).

Dazu kommt die messianische Erwartung. An dem messianischen
Reiche soll nicht nur die lebende Generation Israels teilnehmen,
sondern alle verstorbenen Israeliten: sie sollen aus ihren Gräbern
hervorgehen, um die Seligkeit des Reiches mit den Überlebenden
genießen zu können[8]). Diese Seligkeit wird recht sinnlich dargestellt.

---

⁶) Noch andere Beispiele siehe bei Weber, System der altsynagogalen
palästinensischen Theologie aus Targum, Midrasch und Talmud 1880, S. 325 f.,
dem überhaupt das Wesentliche dieses Abschnittes entnommen ist.

⁷) Weber a. a. O. S. 326.

⁸) Stähelin (Jahrb. f. deutsche Theol. 1874, S. 199 ff.) nimmt an,
daß ursprünglich gar kein Zusammenhang zwischen Beiden bestanden habe.
Dagegen verweist mit Recht Schürer, Gesch. des jüdischen Volkes II S. 457
Anm. ihn darauf, daß in Dan. 12,2, Psalt. Sal. 3,16 unter dem „ewigen
Leben", zu dem die Gerechten auferstehen werden, nichts anderes als das Leben

Kein Wunder, daß dann auch der Leib an ihr teilnehmen sollte.
Und so folgt, nachdem die Gerechten aus der Scheol durch den
Messias heraufgeführt worden sind, ihre und aller Gerechten, die
auf die Erlösung warteten, Wiederherstellung in dieses zeitliche
Leben d. h. die erste Auferstehung der Toten. Der Messias hat
„den Schlüssel der Auferweckung der Toten". Der Ort, wo sie
erfolgt, ist das heilige Land, welches darum auch ארץ חיים heißt.
Dann werden aber auch die außerhalb des Landes Begrabenen
unter der Erde hergewälzt (מתגלגלים), um im heiligen Lande auf=
erstehen zu können. Um die Schmerzen das גלגול zu ersparen, will
man im Lande Israel begraben sein (jer. Kilajim IX,3). Nach
einer andern Stelle (Kethuboth 111ᵃ) werden für die Gerechten,
die außerhalb des heiligen Landes begraben wurden, Höhlungen
in der Erde d. h. unterirdische Gänge gemacht, in denen sich ihre
Leiber herwälzen. Daß auch die außerhalb Palästinas Begrabenen
auferstehen werden, dafür bürgt das Begräbnis Moses, dessen
„Verdienst" allen andern seines Geschickes zu gute kommt. Die
Auferweckung wird durch die große Posaune eingeleitet. Bei dem
ersten Blasen wird die ganze Welt sich bewegen, bei dem zweiten
wird der Staub abgesondert, bei dem dritten werden die Gebeine
der Toten gesammelt, bei dem vierten ihre Glieder erwärmt, bei
dem fünften wird die Haut übergezogen, bei dem sechsten gehen
die Seelen in ihre Leiber ein, bei dem siebenten werden sie lebendig
und stehen auf ihren Füßen und in ihren Kleidern. Nach einer
Sage bleibt von dem menschlichen Leib das unterste Bein (לוז)
des Rückgrats unverwest. Es läßt sich weder zermahlen, noch
verbrennen, noch im Wasser erweichen. Dieser unzerstörbare
Körperteil bildet die Grundlage für den neuen Leib. Es wird
erörtert, ob bei der Bildung des neuen Leibs die Reihenfolge:
Haut, Fleisch, Sehnen, Knochen oder: Knochen, Sehnen, Fleisch,
Haut sein werde. „Daraus ergiebt sich, daß der künftige Leib
dem Stoffe und der Organisation nach wesentlich als von gleicher

---

im messianischen Reiche zu verstehen ist. „Aus dem Interesse, am messianischen
Reiche teilzuhaben, ist zunächst die Hoffnung einer leiblichen Auferstehung ent=
sprungen und erst später ist das Leben im messianischen Reich und die ζωή
αἰώνιος von einander getrennt worden."

Beschaffenheit gedacht wird, wie der jetzige". Ja man ersteht in denselben Kleidern, in welchen man ins Grab gelegt wurde. Wenn schon das Weizenkorn nicht nackt, sondern umhüllt aus der Erde hervorgeht, wievielmehr der Leib des Menschen. Sterbende Rabbis geben daher genaue Befehle über ihre Totenkleider. Ja der Mensch steht mit den alten Gebrechen als Blinder, Lahmer u. s. w. auf, damit seine Identität festgestellt werden kann, aber diese Gebrechen werden sofort geheilt. „Das vertritt hier die Hoffnung der Ver=klärung: die Versetzung in einen normalen gesunden Zustand. Dem entspricht auch, daß die Auferstandenen ein dem bisherigen entsprechendes materielles Leben führen und keine absolute, sondern nur relative Unsterblichkeit haben. Die von Jellinek heraus= gegebenen kleinen Midraschim malen das ähnlich aus wie die moslemische Sunna"[9]).

Wir sehen demnach, daß in dieser Literatur die Auferstehung der Toten sehr sinnlich vorgestellt wurde. Dabei ist bemerkenswert, das es sich hier um eine Auferstehung der Gerechten für das messianische Zeitalter handelt, in welchem die physische Weltordnung so ziemlich dieselbe ist, wie vorher, nur daß die Leistungsfähigkeit des gelobten Landes als eine ungeheuerliche gedacht wird [10]). Mit der Auflehnung der Völker wider den Messias tritt das Ende des messianischen Reiches ein und nun beginnt das Weltgericht, durch welches die gott= feindlichen Völker ausgeschieden, die Erde erneuert und dem Volke Gottes als alleiniger Wohnsitz angewiesen wird. Aber eine all= gemeine Auferstehung giebt es nicht. So heißt es in Beresch. rabba: „Die Macht Regen zu geben gehört allein den Gerechten und die Auferstehung von den Toten gehört ebenfalls nur den Gerechten. Wie sollten die Gottlosen wieder lebendig werden? sie sind doch selbst in ihrem Leben tot." Erst die sehr späten Pirke de=R. Elieser geben zwar eine Auferstehung auch der Heiden zu, bemerken aber, daß sie später wieder in den Tod zurücksinken. „Die Gottlosen werden nach zwölfmonatlicher Strafe in der Gehenna an Leib (!) und Seele verbrannt und ihre Asche wird unter den Fußsohlen der Gerechten verweht. Nur die Minim und die

---

[9]) Siehe die näheren Nachweise bei Weber a. a. O. S. 352 ff.

[10]) Siehe hierfür Beispiele bei Weber S. 363.

Epikuräer, welche die Göttlichkeit der Thora und die Auferstehung der Todten leugnen, steigen hinab in die Gehenna und werden dort gestraft in alle Geschlechter." Über das Leben im Olām habbā bestehen zweierlei Anschauungen. Die mehr spiritualistische nimmt an, daß es dort kein Essen und Trinken, keine Zeugung, keinen Handel giebt. Die mehr materialistische aber spricht von ehelicher Zeugung, von großen Mahlzeiten, bei denen man das Fleisch des Leviathan und Behemoth speist, ja noch von einer Sündenvergebung in jener Welt (עלם הבא).

Wir sind absichtlich auf die jüdische Theologie eingegangen, um gleich von vornherein festzustellen, daß wir hier die deutliche und breite Unterlage für die nachmalige christliche Auferstehungs= lehre vorfinden. Darum können wir uns auch mit

II. dem neuen Testament

kürzer fassen, zumal die einschlägigen Daten den Lesern hinlänglich bekannt sind. Bloß das Allerwichtigste wollen wir summarisch aufführen.

Nur unter Vergegenwärtigung obiger Vorstellungen, wie sie in der jüdischen Theologie zu Hause waren, versteht man, was wir hierüber bei den Synoptikern und in der Apostelge= schichte lesen. Daß die Vorstellungen hüben und drüben sich entsprechen, zeigt schon die Geschichte vom reichen Mann und armen Lazarus, wie überhaupt die so häufig wiederkehrenden Notizen über die Gehenna. Aber auch das ist sofort deutlich, daß die Zeitgenossen Jesu in ihrer großen Mehrzahl an eine leib= liche Auferstehung glaubten, dieser Glaube keineswegs eine Eigen= art des Evangeliums war. Ja es ist sehr fraglich, ob Christus mit seiner Botschaft irgend einen merkbaren Einfluß auf jenen Gemeinglauben ausgeübt hat. Wie verbreitet er unter allen Schichten der jüdischen Bevölkerung war, dafür nur einige bekannte Daten: Als Herodes von Jesus hörte, sprach er: „Dieser ist Jo= hannes der Täufer, er ist auferstanden von den Toten" (Mt. 14,2, Mc. 6,14, Lc. 9,7). Nachdem Jesus begraben war, kommen die Hohenpriester und Pharisäer zu Pilatus und sagen: „Herr, wir erinnern uns, daß jener Irrlehrer zu seinen Lebzeiten sagte: nach

drei Tagen werde ich auferstehen. Besiehl nur, daß das Grab
bis zum dritten Tag versiegelt werde, damit nicht seine Jünger
kommen, ihn stehlen und zum Volke sagen: er ist von den Todten
auferstanden" (Mt. 27,63 f.). Als Jesus verschieden war, so
thaten sich die Gräber auf καὶ πολλὰ σώματα τῶν κεκοιμημένων
ἁγίων ἠγέρθησαν (Mt. 27,52)[11]). Es kommt hier nicht in Betracht, ob
den beiden letzten Stellen ein thatsächliches Ereignis zu Grunde liegt.
Aber alle drei Stellen beweisen, daß ihre Verfasser von der Voraussetzung ausgehen, daß die jüdischen Zeitgenossen, selbst ein Herodes,
den Glauben an die leibliche Auferstehung teilten, ja, daß man es
für möglich hielt, daß schon in der Gegenwart als Vorboten des
bevorstehenden messianischen Zeitalters einzelne Fälle von Totenerweckungen vorkommen werden. Auf dieser Unterlage müssen
wir uns auch die Totenerweckungen durch Jesus und die Apostel vor-
stellig machen. Zu den Werken des Messias gehörte ja auch die
Auferweckung der Toten (s. o.). Darauf hat sich auch Jesus einmal
berufen, um sich als Messias zu legitimieren (Mt. 11,5). Es ist
selbstverständlich, daß man solche Thaten als Wunder anstaunte.
Sie hießen aber nur Wunder, sofern sie außergewöhnliche Ereignisse
bedeuteten, die nur durch die Kraft des Messias möglich waren.
Aber daß sie überhaupt möglich waren, daran zweifelte die herr-
schende, durch die jüdische Theologie gebildete Meinung nicht im
Mindesten. Unter denselben Gesichtspunkt tritt auch die Auf er-
stehung Jesu. Nirgends stoßen wir auf eine Stelle, wonach die
Juden oder speziell die Jünger solche Auferstehung zu den absoluten
Unmöglichkeiten gerechnet hätten. Nur einmal, nämlich in der
Verklärungsgeschichte, als Jesus den Jüngern verbot, davon zu
erzählen, „außer wenn des Menschen Sohn von den Toten auferstanden ist," da erzählt Marcus (9,10): „Die Jünger behielten
das Wort und forschten unter sich), was das heißt, von den Toten
auferstehen". Sonst pflegten sie die Ankündigung seiner Auferstehung ohne Widerspruch entgegenzunehmen. Das wäre nicht
geschehen, wenn sie nicht von der Möglichkeit der leiblichen Aufer-

---

[11]) Vergl. hiemit Dan. 12,2: καὶ πολλοὶ τῶν καθευδόντων ἐν τῷ πλάτει
τῆς γῆς ἀναστήσονται oder nach Theodotion ἐν γῆς χώματι ἐγερθήσονται.
Für ἁγίων siehe Dan. 7,18. 22.

stehung überzeugt gewesen wären. Als Juden dachten sie ganz wie Paulus (I. Kor. 15, 13, 16): „Giebt es keine Auferstehung der Toten, dann ist auch Christus nicht auferstanden," d. h. nun giebt es aber eine (nach dem Glauben unserer Väter), also kann auch Christus, ja er muß „nach der Schrift" und nach den Er= scheinungen, die er ihnen zu Theil werden ließ, auferstanden sein. Also dem Glauben an die leibliche Auferstehung Christi liegt — und das kann man nicht stark genug betonen — der populäre, nur von den Sadduzäern nicht acceptierte Glaube von der Möglichkeit, ja baldigen Wirklichkeit der leiblichen Totenauferstehung zu Grunde. Nur auf diesem Boden war die leichte und rasche Verbreitung des Glaubens an die Auferstehung Christi möglich; nur auf diesem Boden aber auch die grobsinnlichen Anschauungen möglich, die sich an jenen Glauben knüpften: sein Grab war leer, der (identische) irdische Leib auferstanden, er trägt noch die Wunden= male an sich, ja er kann irdische Nahrung zu sich nehmen — und doch erscheint er durch verschlossene Thüren, verschwindet so plötz= lich, wie er auch sich gezeigt hat: ist also physisch und pneu= matisch zugleich. Das sind freilich unvereinbare Vorstellungen für uns; für Juden waren sie es nicht.

Jesus selbst nun hat sich für den Glauben der Pharisäer entschieden (Mt. 22,23—30). Die Pharisäer bedeuten hierin den kirchlich=dogmatischen Fortschritt, die Sadduzäer [12]) die Reaktion (nicht einen fortschrittlichen Rationalismus). Und doch scheint Jesus die grobsinnlichste Form dieses Glaubensstückes abgelehnt zu haben. Wenigstens denkt er sich das Leben der Auferstandenen engelgleich, nicht geschlechtlich=physisch bedingt (V. 30), wie die materialistische Auffassung (s. o.) lautete, deren Lächerlichkeit den Sadduzäern die Polemik wesentlich erleichterte. Wir dürfen also sagen, daß Jesus den jüdischen Auferstehungsglauben insofern vergeistigte, als er sich auf die Seite derjenigen unter den Pharisäern stellte, welche eine mehr spiritualistische Vorstellung über Auferstehung und zukünftige

---

[12]) Die Sadduzäer sagten, es gebe keine Auferstehung (Mt. 22,23, Mc. 12,18, Lc. 20,17, Act. 4,1 f. 23,8). „Sie leugneten die Fortdauer der Seele und die Strafen und Belohnungen in der Unterwelt" (Bell. Jud. II, 8,14). „Die Seelen vergehen zugleich mit den Körpern" (Antt. XVIII, 1,4).

Welt hatten[13]). Übrigens redet Jesus wenig von der Auferstehung der Gläubigen. Denn er hofft die Meisten von ihnen lebend anzutreffen (Mt. 24,34, Mc. 9,1). Doch müssen die Patriarchen (Mt. 8,11) und die in der Verfolgung Getöteten (10,21, 39) zur Teilnahme an seinem Reiche auferstehen. Die Gottlosen aber werden nicht gerettet werden (Mt. 10,22, Mc. 10,16. 13,20, Lc. 13,27). Sie bleiben in der γέεννα — und das ist ihre ewige Verdammnis. Von ihrer Auferstehung steht nichts da, es müßten denn die Qualen, die sie zu erdulden haben, als sinnliche Schmerzen verstanden worden sein. Jene können aber auch ebensogut bildliche Bezeichnungen von Seelenqualen derer bedeuten, welche ewig aus der beseligenden Gemeinschaft Gottes ausgeschlossen sind — und dann wäre eine Wiederbelebung des leidensfähigen irdischen Leibes unnötig, zumal es schon in der Scheol einen Ort der Qual und einen Ort der Seligkeit („Abrahams Schoß" Lc. 16,19—31) giebt.

Wir finden also bei den Synoptikern und in der Apostelgeschichte, speziell bei Jesus und in der urapostolischen Verkündigung bezüglich unseres Gegenstands nichts, was über die Aufstellungen der jüdischen Theologie hinausginge. Sogar bis auf „die Vergebung der Sünden im Oläm habbä" (Mt. 12,32) erstreckt sich die Gleichheit. Und die leibliche Auferstehung selbst wurde, mit wenigen Ausnahmen, von der urapostolischen Verkündigung ebenso grobsinnlich gedacht, wie bei der mehr realistischen Richtung der jüdischen Theologie.

Bei Paulus aber nehmen wir auch hierin einen Fortschritt wahr. Ob dieser Fortschritt dem Einfluß des Hellenismus zuzuschreiben ist, kann nicht nachgewiesen werden. Denn die Ansätze dazu liegen ebenso gut in der neujüdischen Theologie der mehr spiritualistischen Richtung vor. Freilich ist nicht zu verkennen, daß auch die letztere von hellenischen Einflüssen mitbestimmt war.

Die klassische Stelle für die paulinische Auferstehungslehre ist I. Kor. 15; in zweiter Linie steht II. Kor. 5,1 ff. Paulus hat dort den Hellenismus zu bekämpfen, nicht eine besondere Partei, etwa die Apolliner. Nein, der Hellenismus als solcher war ein

---

[13]) Zu solchen zählte zweifellos auch Josephus mit seiner platonisirenden Anschauung (Bell. Jud. III, 8,5).

absoluter Gegner der neujüdischen Auferstehungslehre. Wir haben
das schon bei Philo gefunden. Wieviel mehr mußte diese Ab=
neigung vollends in den Kreisen zu Hause gewesen sein, welche
aller jüdischen Theologie fern standen. Hier, in Korinth, tritt der
Hellenismus erstmals in systematischen Widerspruch mit dem neu=
jüdisch=christlichen Auferstehungsglauben [14]) und wir werden sehen,
daß dies nicht das letzte Mal war. Die Hauptpunkte der Lehre
des Paulus sind: 1. Zwischen dem toten Leib und dem Auf=
erstehungsleib besteht nicht das Verhältnis der stofflichen Identität,
sondern sie sind beide stofflich total verschieden. Giebt es doch
eine große Mannigfaltigkeit von Körper=Substanzen: Menschen,
Vieh, Vögel, Fische; irdische, himmlische Körper ($\sigma\omega\mu\alpha\tau\alpha$), die
denn auch verschiedene Eigenschaften, verschiedene Herrlichkeit zur
Erscheinung bringen, wie dies bei Sonne, Mond und Sternen der
Fall ist. Nicht um die Mannigfaltigkeit der Formen ist dem
Apostel hier zu thun, sondern um die Verschiedenheit der Substanzen
und der von ihnen ausgehenden Wirkungen. „Also ist es auch
mit der Auferstehung der Toten" (42). Der neue Leib ist im
Unterschied vom irdischen — mit $\delta\delta\xi\alpha$ und $\delta\nu\nu\alpha\mu\iota\varsigma$ ausgestattet.
Er ist pneumatisch, der andere nur psychisch. Ja er ist unver=
weslich, und, wie in seiner Substanz verschieden, so ist er auch
nach seinem Ursprung vom andern verschieden: der psychische ist
von Adam, von der Erde, zuerst; der pneumatische ist vom Christus,
vom Himmel, zuletzt. Paulus hätte nicht schärfer die gänzliche
substanzielle Verschiedenheit beider Leiber bezeichnen können.
2. Und dennoch besteht eine gewisse Beziehung zwischen beiden.
Zu ihrer Veranschaulichung verwendet er das Bild von Samen
und Pflanze. Diese stehen nun allerdings in einem organisch=
genetischen Verhältnis zu einander. Ob sich der Apostel dessen
vollkommen bewußt war? Wir müssen es bezweifeln. Denn er
hätte in diesem Falle jene gänzlich substanzielle Verschiedenheit
nicht statuiren können. Same und Pflanze sind von demselben
Stoff. Auch hinkt der Vergleich schon deshalb, weil ja das

---

[14]) Wie schwer Paulus in diesem Lehrstück zu arbeiten hatte, beweist die
sicherlich historische Bemerkung Act. 17,32, wonach die Athener über seine
Totenauferstehung spotteten und sich deswegen von ihm ungläubig abwandten.

Samenkorn nicht die tote Pflanze, sondern der Keim der neuen
Pflanze ist. Dem Samenkorn entspricht der Embryo und so ge=
hört der ganze Vergleich in das Gebiet der Fortpflanzung [15]).
Hier handelt es sich um die Entstehung eines neuen Individuums,
bei der Auferstehung aber um die Wiederherstellung des alten
Einzelwesens. Man kann also mit dem Bilde des Paulus nicht
viel anfangen. Es will im Grunde nur besagen, daß zwischen
beiden Leibern eine Beziehung besteht. Diese näher zu bestimmen,
gelang ihm nicht, so lange er die erste Position festhalten wollte.
Man kann nur von seiner pharisäischen Vergangenheit her schließen,
daß er irgend einen unzerstörbaren Rest des verwesten Leibes (s. o.)
annahm, aus dem dann, wie aus dem lebenskräftigen Keim des
verwesten Samenkorns, ein neuer Körper hervorgeht. Zweifellos
ist aber, daß Paulus mit dem besagten Bilde die Ähnlichkeit
beider Leiber in ihrer äußeren Erscheinung veranschaulichen wollte.
Die neue Pflanze ist der alten, aus deren Keim sie entstanden ist,
gleichgeartet. Also wird auch der Auferstehungsleib, zwar stofflich
total verschieden, in der Erscheinungsform dem alten gleichen, so
daß die Identität beider gesichert ist — ein Punkt, worauf, wie
wir oben sahen, der jüdischen Theologie alles ankam. 3. Paulus
nimmt eine doppelte Art des Vorganges an, wodurch ein neuer
Leib, der sog. Auferstehungsleib entsteht: die eine ist der Tod, die
andere ist die Verwandlung. Denn das Alte muß auf irgend
eine Weise beseitigt werden. „Fleisch und Blut können das Reich
Gottes nicht ererben, auch wird das Verwesliche nicht erben das
Unverwesliche." „Unsere irdische Hüttenwohnung wird aufgelöst
(καταλυθῇ)" und an ihre Stelle tritt, ganz unabhängig von ihr,
„ein Bau von Gott, ein Haus nicht mit Händen gemacht, ewig
im Himmel" (II. Kor. 5,1 ff.). Diese Hütte besteht also schon
vorher, oder wenigstens neben der irdischen Hütte. Nötig ist sie,
denn sonst bliebe die Seele „nackt", „ohne Bekleidung"; und das

---

[15]) Logischer ist das Bild in Hiob 14,7 ff.: „Denn es ist für den Baum
Hoffnung: wird er abgehauen, so grünet er wieder und seine Sprößlinge
nehmen nicht ab. Altert in der Erde seine Wurzel und stirbt im Boden sein
Stamm, vom Dufte des Wassers sprosset er auf und treibt Äste, wie neu
gepflanzt."

wäre für sie ein widernatürlicher, unwürdiger Zustand. Freilich ist solche Entkleidung, d. h. der Tod, etwas Schmerzliches. Viel lieber wäre es uns, wenn wir statt entkleidet „überkleidet würden", so daß „das Sterbliche vom Leben verschlungen würde". Das wird denen zu teil werden, welche bei der Parusie leben. Denn „wir werden nicht alle entschlafen, wir werden aber alle ver= wandelt werden, in einem Nu, einem Augenblick, mit dem letzten Trompetenstoß". Dann wird der „Tod vom Sieg verschlungen werden". Also nur bei den Lebenden geht die Substanz des irdischen Leibes in die des himmlischen über, wie die Nahrung in den Körper, der sie aufnimmt („verschlingt"). Nur hier assimiliert sich der irdische Leibesstoff dem neuen Stoff. Bei den Toten aber hört der frühere Leib ganz auf (καταλυθῇ) und erst später tritt für die nackte Seele die Bekleidung mit der himmlischen Behausung ein, welche allerdings (siehe unter 1) in ihrer Erscheinungsform mit der irdischen Leibeshütte gleichgeartet ist. Die Kraft nun, durch welche die Verwandlung oder Überkleidung (oder Verschlingung) des irdischen (noch lebenden) Leibes in den unverweslichen himm= lischen Leib sich vollzieht, ist der h. Geist (V. 5) vgl. Röm. 8,11. Wer also — das ist die einfache Konsequenz — den Geist Gottes nicht hat, dessen Leib kann dann auch jene wunderbare Verwand= lung nicht erfahren.

Man hat also wohl zu beachten, daß Paulus sowohl in I. Kor. 15,50—55 als in II. Kor. 5,2—5 zunächst nur den Fall im Auge hat, daß er und seine Zeitgenossen (s. das ἡμεῖς 15,51) noch am Leben sind, wenn die Auferstehung eintritt und für diesen Fall kennt er eine „Verwandlung", ein „Angezogen=", „Verschlungen=", oder „Überkleidetwerden". Für die Toten aber hat er nur die Bezeichnung der „Saat", der „Auferstehung", der „Entkleidung". Man muß das streng auseinanderhalten. Nur für den ersteren Fall besteht eine gewisse Beziehung und Fortdauer des irdischen Leibes, im andern Falle aber wird er aufgelöst d. h. vernichtet und tritt an seine Stelle — und unabhängig von ihm — ein an= derer Leib, der im Himmel bereitet ist. In diesem Falle ist also das Wort „Auferstehung" in sehr modifizierter Weise gebraucht. Denn thatsächlich steht der alte Leib nicht auf, sondern es ist nur eine Auferstehung der (nackten) Seele mit einem neuen Leibe, der nach Ursprung, Substanz und Eigenschaft von dem irdischen, im Tode vernichteten absolut verschieden ist. Von einer Identität kann also hier nur insofern die Rede sein, als eine Ähnlichkeit in der Erscheinung (im Habitus) zwischen beiden besteht. Eine unmittelbare Beziehung findet jedoch nur zwischen dem bei der Parusie lebenden und dem verwandelten Leibe statt, indem hier durch einen wunderbaren Prozeß eine Stoff-Assimilation bewerkstelligt wird, wie dies sich Paulus sicherlich auch bei dem erst zwei Tage im Grabe gelegenen — also noch nicht aufgelösten — Leibe Christi vorgestellt hat.

Aus all dem geht zur Genüge hervor, 1) daß Paulus nicht bei der grobsinnlichen Vorstellung der Realisten der jüdischen Theologie stehen geblieben ist, sondern auch hierin eine Vergeistigung angebahnt hat, welche den Andeutungen Christi, dem ganzen geistigen Charakter der neuen Religion und auch dem Hellenismus gerecht zu werden versuchte; 2) daß die nachmalige kirchliche Lehre von der Auferstehung des Fleisches von der paulinischen wesentlich verschieden ist.

Die übrigen Schriften des Neuen Testaments bieten für unsern Gegenstand keine neuen Gesichtspunkte. Die Totenauferstehung war ein wesentlicher Bestandteil der christlichen Hoffnung. Selbst dem alexandrinischen Verfasser des Hebräerbriefs war der Glaube an die Auferstehung ein christlicher Fundamentalartikel (6,2). Allerdings giebt er uns keinen Aufschluß darüber, wie er sich diesen Vorgang näher vorstellt: „Die Auferstehung ist besser als die bloße Wiedererweckung zum irdischen Leben (11,35)". Auch ist bemerkenswert, daß der Verfasser „die Geister der vollendeten Gerechten jetzt schon an der Stadt des lebendigen Gottes teilnehmen läßt" (12,23). Die Apocalypse dagegen bewegt sich ganz in den Geleisen der jüdischen Auferstehungsbilder: Das irdische Reich des Messias wird durch eine erste Auferstehung eingeleitet, durch welche die Märtyrer und Gerechten dem irdischen Leben zurückgegeben werden (20,4—6). Am Ende des tausendjährigen Reiches erfolgt der Weltuntergang, wo alle dahingerafft werden, die Überlebenden so gut, wie die zum irdischen Leben auferweckten

Teilnehmer des Reiches. Dann geschieht die allgemeine Aufer=
stehung. Alle Toten müssen vor den Richterstuhl Christi gestellt
werden (V. 12, 13). Eine Auferstehung mit himmlischer Leib=
lichkeit erfahren jedoch nur die, welche zur Vollendung eingehen,
die anderen treten vor den Richterstuhl Christi, um mit dem Tode
(V. 14) dem zweiten Tode überantwortet zu werden (V. 15). Auch
nach dem Evangelium Johannes nimmt man durch die Toten=
erweckung an dem messianischen Heile Teil (6,39, 40, 44, 54).
Aber das gilt nur für die Gläubigen, welche bereits im Besitze des
ewigen Lebens sich befinden. Und wenn auch die Übelthäter auf=
erweckt werden (5,29), so ist das eigentlich keine Auferweckung, da
sie nur dem bleibenden Tode überantwortet werden (1. Joh. 3,14).
Nichtsdestoweniger gab es schon am Ende des apostolischen Zeit=
alters im Schoße der christlichen Gemeinde Leute, welche die Hoff=
nung der Totenauferstehung spiritualistisch zu verflüchten versuchten,
so daß sie nur auf die geistige Auferstehung aus dem Tode des
Sündenverderbens und der Unwissenheit bezogen wurde. Gegen
solche polemisieren die Pastoralbriefe (II. Tim. 2,18). Wir
werden diesen Spiritualisten oder Gnostikern noch öfters begegnen.

Dies die hauptsächlichsten neutestamentlichen Daten zu unserem
Gegenstande. Bei ihrer Beurteilung übersieht man zu oft drei
wesentliche Punkte: 1. die ganz einzigartige Situation, in welcher
sich jene Schriftsteller befunden hatten: Wie Jesus aufs Be=
stimmteste, so erwarteten auch die Apostel und Apostelschüler seine
Parusie für die lebende Generation. Die Auferstehung war also
kein Ereignis, welches einer fernen Zukunft vorbehalten war.
Sie trat zurück hinter der Vorstellung von der Verwandlung,
welche die Lebenden zu erfahren haben. Sie war — weil sie
nahe bevorstand — hauptsächlich doch nur eine Wiederbelebung
von Leibern, die noch nicht lange gestorben und somit nicht der
gänzlichen Auflösung verfallen waren. 2. Man unterschätzt viel=
fach die starke Anknüpfung, welche dieses Glaubensstück der Christen
an dem neujüdischen Auferstehungsglauben hatte. Die Abhängig=
keit war so groß, daß es sich dabei um keine Neuerung handelte,
sondern nur um die einfache Herübernahme einer der neujüdischen
Welt sehr geläufigen Vorstellung, die eher einzuschränken als weiter=

zubilden war. 3. Man bedenkt zu wenig, daß trotz prinzipieller Annahme der allgemeinen Auferstehung doch nur die der Christen die Vorstellung beherrschte. Das war eher eine Erleichterung. Man hatte doch dafür eine Art Erklärung in dem Umstand, daß durch das πνεῦμα als durch eine hyperphysische Kraft die Leiber der Heiligen lebens= und auferstehungsfähig gemacht werden. — Wer diese Punkte beachtet, der wird die neutestamentliche Auf= erstehungslehre unbefangener beurteilen und sie nicht so leicht mit der kirchlichen Lehre identifizieren. Er wird aber auch den berechtigten Gedanken würdigen, der in ihr zum realistisch= anschaulichen Ausdruck kommt: nemlich das Verlangen nach Erhaltung der ganzen menschlichen Individualität, welche als ein ungeteiltes Ganze aus Seele und Leib besteht.